초등영어 리딩이 된다 Basic 4

지은이	NE능률 영어교육연구소
선임연구원	김지현
연구원	서수진 송민아 정희은
영문교열	August Niederhaus　MyAn Thi Le　Nathaniel Galletta
디자인	(주)홍당무
내지 일러스트	곽호명 김은미 김현수 민병권 베로니카 안홍준 양종은 임현진 조화평
영업	한기영 주성탁 박인규 정철교 장순용
마케팅	정영소 박혜선 오하야 이승원
제작	한성일 장선진 심현보

Photo Credits　Shutterstock

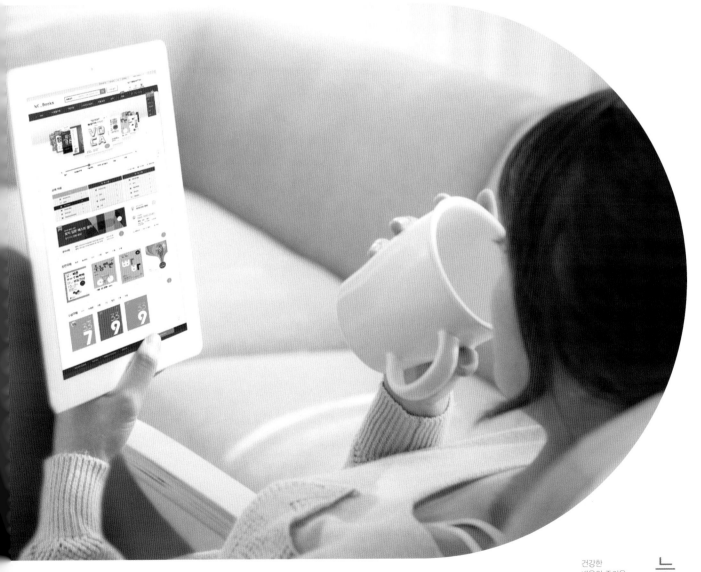

초등영어

리딩이 된다

Basic 4

초등영어 리딩이 된다 로 공부하면?

1 **학교에서 배운 지식을 바탕으로 영어 독해를 할 수 있습니다.**

영어를 언어 그 자체로 익히기 위해서는 '내용 중심'의 접근이 중요합니다. 〈초등 영어 리딩이 된다〉
시리즈는 우리나라 초등학교 교과과정을 바탕으로 소재를 구성하였습니다. 이 책으로 학생들은
이미 알고 있는 친숙한 소재를 통해 영어를 더욱 재미있고 효과적으로 학습할 수 있을 뿐 아니라
교과 지식과 관련된 영어를 자연스럽게 습득할 수 있습니다.

2 **통합교과적 사고를 키울 수 있습니다.**

초등학생들은 학교에서 국어, 영어, 사회, 과학 등의 과목을 따로 분리하여 배웁니다. 하지만
실생활에서는 학교에서 공부하는 교과 지식이 모두 연관되어 있습니다. 따라서 교과 간의 단절된
지식이 아닌, 하나의 주제를 다양한 교과목의 관점에서 생각할 수 있는 '통합교과적 사고'를 기르는
것이 중요합니다. 〈초등 영어 리딩이 된다〉 시리즈는 하나의 대주제를 중심으로 다양한 교과를
연계하여, 영어를 배우면서 동시에 통합적 사고를 키울 수 있습니다.

3 **4차 산업혁명의 키워드인 '컴퓨팅 사고력'도 함께 기를 수 있습니다.**

최근 4차 산업혁명과 함께 코딩 교육을 향한 관심이 높아지고 있습니다. 이러한 트렌드의 핵심은
단순히 코딩 기술을 익히는 것이 아닌, 컴퓨팅 사고력과 창의성을 통해 주어진 문제의 본질을
파악하고 이를 해결하는 능력을 기르는 것입니다. 〈초등 영어 리딩이 된다〉 시리즈는 매 Unit의
Brain Power 코너를 통해 배운 내용을 정리하는 동시에 컴퓨팅 사고력을 기를 수 있도록
구성하였습니다.

초등영어 리딩이 된다 이렇게 공부하세요.

1. 자신 있게 학습할 수 있는 단계를 선택해요.

〈초등 영어 리딩이 된다〉 시리즈는 학생 개인의 영어 실력에 따라 단계를 선택하여 학습할 수 있는 교재입니다. 각 권별 권장 학년에 맞춰 교재를 선택하거나, 레벨 테스트를 통하여 자신의 학습 상황에 맞는 교재를 선택해 보세요. NE능률 교재 홈페이지 www.nebooks.co.kr에 접속해서 레벨 테스트를 무료로 응시할 수 있습니다.

2. 학습 플랜을 짜보아요.

책의 7쪽에 있는 학습 플랜을 참고해서 학습 계획표를 짜 보세요. 한 개 Unit을 이틀에 나눠서 학습하는 24일 완성 플랜과, 하루에 한 개 Unit을 학습하는 12일 완성 플랜 중 꼭 지킬 수 있는 플랜을 선택하여 계획을 세우고, 실천해 보세요!

3. 다양한 주제에 관한 생각을 키워요.

Chapter나 Unit을 시작할 때마다 주제에 관해 생각해볼 수 있는 다양한 질문이 수록되어 있습니다. 꼭 영어로 대답하지 않아도 좋아요. 리딩 주제에 대해 다양한 관점에서 생각해보며 배경지식을 활성화시키고 학습에 대한 집중도와 이해도를 더 높일 수 있습니다.

4. 리딩에 나올 단어들을 미리 암기해요.

〈초등 영어 리딩이 된다〉 시리즈는 본격적인 리딩을 시작하기 전, 리딩에 나오는 단어들을 먼저 학습할 수 있도록 구성되어 있습니다. QR코드를 스캔하여 단어를 듣고 따라 써보세요. 단어를 암기한 후 리딩을 시작하면 리딩 내용에 집중하는 데 큰 도움이 됩니다. 책 뒷부분에 붙어 있는 단어장을 평소에 들고 다니며 외워도 좋아요!

5. 무료 온라인 부가자료를 활용해요.

영어는 반복이 중요합니다. NE능률 교재 홈페이지 www.nebooks.co.kr에서 제공되는 통문장 워크시트, 직독직해 워크시트, 어휘 테스트지를 활용하여 배운 내용을 복습해 보세요.

구성 및 활용법

❶ 하나의 대주제로 과목들이 어떻게 연계되어 있는지
한눈에 파악할 수 있습니다.

❷ 본격적인 학습 전 Chapter의 대주제와 관련된 설명을
읽고 Chapter에서 배울 내용을 파악할 수 있습니다.

❸ Chapter 대주제와 관련된 질문에 답하며 뒤에 이어질
내용을 생각해봅니다.

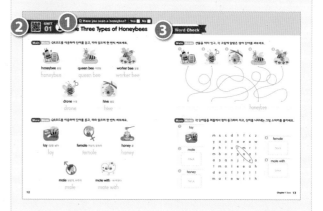

Unit의 새로운 단어를 배우고 재미있는 활동으로 단어를
익힐 수 있습니다.

❶ Unit과 관련된 질문에 답하며 뒤에 이어질 내용을
생각해봅니다.

❷ QR코드를 스캔하여 단어를 듣고 따라 읽어 본 후,
삼선에 맞추어 단어를 바르게 써보는 훈련을 합니다.

❸ 퍼즐이나 스티커 활동 등을 통해 단어를 정확히 알고
있는지 확인합니다. *책 뒤편의 스티커를 이용해보세요.

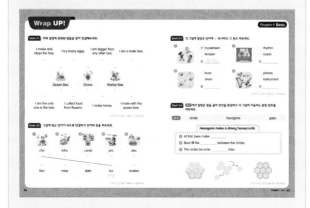

한 Chapter가 끝나면 Wrap UP! 문제를 통해 다시 한번
Chapter의 내용을 복습합니다.

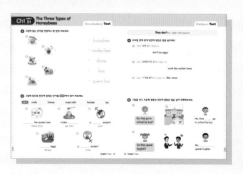

매 Unit 학습 후 Workbook으로 단어와
패턴을 복습할 수 있습니다.

STEP 03 Reading

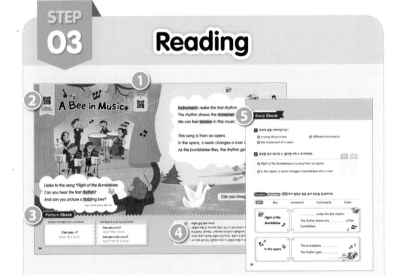

Unit에서 새롭게 배울 이야기를 읽고 확인 문제를 풀어봅니다.

1 이야기와 관련된 음악이나 영상 QR코드가 있는 경우 먼저 감상합니다.

2 QR코드를 스캔하여 이야기를 듣고 따라 읽어봅니다.

3 이야기에서 자주 쓰인 패턴을 배우고, 이야기 속에서 해당 패턴을 찾아봅니다. 추가 예문을 통해 다양한 예시도 배웁니다.

4 이야기와 관련된 배경지식을 쌓을 수 있습니다.

5 주제 찾기, OX 문제, Graphic Organizer 등을 풀며 앞서 배운 내용을 정리합니다.

STEP 04 Brain Power

재미있는 퀴즈를 풀며 코딩을 위한 컴퓨팅 사고력을 기르고 Unit에서 배운 내용을 점검합니다.

*책 뒤편의 스티커를 이용해보세요.

1 QR코드를 스캔하면 각 문제에 관한 힌트 영상을 볼 수 있습니다.

별책부록 – 단어장

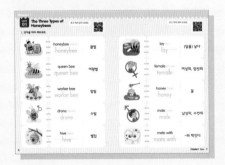

학습이 끝나도 언제 어디서나 그림과 함께 단어를 복습할 수 있습니다.

모바일 Teaching Guide

QR코드를 스캔하면 선생님 또는 학부모가 학생을 지도하는 데 유용한 Teaching Tips, 배경지식, 관련 영상 등을 활용할 수 있습니다.

무료 부가서비스

· 온라인 레벨테스트   · 직독직해 워크시트
· 통문장 워크시트   · 어휘 테스트지

www.nebooks.co.kr 에서 다운로드하세요!

목차

부록

- 스티커
- 단어장
- Workbook / 정답 및 해설 (책속책)

24일 완성

하루에 Main Book 한 개 Unit을 학습하고
다음 날 Workbook 및 온라인 부가자료로 복습하는 구성입니다.

Chapter	Unit	학습 분량	학습 날짜	학습 분량	학습 날짜
Chapter 1	Unit 01	1일차 Main Book	__월 __일	2일차 Workbook	__월 __일
	Unit 02	3일차 Main Book	__월 __일	4일차 Workbook	__월 __일
	Unit 03	5일차 Main Book	__월 __일	6일차 Workbook	__월 __일
	Unit 04	7일차 Main Book	__월 __일	8일차 Workbook	__월 __일
Chapter 2	Unit 01	9일차 Main Book	__월 __일	10일차 Workbook	__월 __일
	Unit 02	11일차 Main Book	__월 __일	12일차 Workbook	__월 __일
	Unit 03	13일차 Main Book	__월 __일	14일차 Workbook	__월 __일
	Unit 04	15일차 Main Book	__월 __일	16일차 Workbook	__월 __일
Chapter 3	Unit 01	17일차 Main Book	__월 __일	18일차 Workbook	__월 __일
	Unit 02	19일차 Main Book	__월 __일	20일차 Workbook	__월 __일
	Unit 03	21일차 Main Book	__월 __일	22일차 Workbook	__월 __일
	Unit 04	23일차 Main Book	__월 __일	24일차 Workbook	__월 __일

12일 완성

하루에 Main Book 한 개 Unit을 학습하고 Workbook으로 정리하는 구성입니다.
온라인 부가자료를 다운받아 추가로 복습할 수 있습니다.

Chapter 1

1일차 Unit 01	2일차 Unit 02
__월 __일	__월 __일
3일차 Unit 03	4일차 Unit 04
__월 __일	__월 __일

Chapter 2

5일차 Unit 01	6일차 Unit 02
__월 __일	__월 __일
7일차 Unit 03	8일차 Unit 04
__월 __일	__월 __일

Chapter 3

9일차 Unit 01	10일차 Unit 02
__월 __일	__월 __일
11일차 Unit 03	12일차 Unit 04
__월 __일	__월 __일

단계	Chapter	대주제	Unit	제목	연계 과목	초등 교육과정 내용 체계	
						영역	핵심 개념
Basic 1 (50 words) 초등 3-4학년	1	Animals	1	Lovely Animals	도덕	자연·초월과의 관계	책임
			2	At the Zoo	과학	생명의 연속성	진화와 다양성
			3	Animal Songs	음악	감상	음악 요소와 개념
			4	How Many Legs Are There?	수학	수와 연산	수의 연산
	2	Recycling	1	Let's Recycle!	도덕	자연·초월과의 관계	책임
			2	I Love Upcycling	실과	자원 관리와 자립	관리
			3	Beautiful Music	음악	표현	음악의 표현 방법
			4	Make a Graph	수학	자료와 가능성	자료 처리
	3	Traditions	1	Old Games, New Games	사회	사회·경제사	전통문화
			2	Neolttwigi Is Fun!	과학	힘과 운동	힘
			3	A Famous Picture	미술	감상	이해
			4	Let's Go to a Market!	수학	규칙성	규칙성과 대응
Basic 2 (60 words) 초등 3-4학년	1	The Moon	1	It Is Chuseok	사회	사회·경제사	전통문화
			2	Friends in Space	과학	우주	태양계의 구성과 운동
			3	Beautiful Moonlight	음악	감상	음악의 배경
			4	Two Different Moons	수학	도형	평면도형
	2	Family	1	Small Family, Large Family	사회	사회·경제사	가족 제도
			2	We Work Together	실과	인간 발달과 가족	관계
			3	Van Gogh's Special Family	미술	감상	이해
			4	Happy Birthday!	수학	규칙성	규칙성과 대응
	3	Food	1	Where Do These Fruits Come From?	사회	장소와 지역	공간관계
			2	Popcorn Pops!	과학	물질의 성질	물질의 상태
			3	Delicious Art	미술	표현	발상
			4	Let's Cook!	수학	측정	양의 측정

단계	Chapter	대주제	Unit	제목	연계 과목	초등 교육과정 내용 체계	
						영 역	핵심 개념
Basic 3 (70 words) 초등 3-4학년	1	Transportation	1	How We Travel	사회	인문 환경과 인간 생활	경제활동의 지역구조
			2	Move like Animals	과학	생명 과학과 인간의 생활	생명공학기술
			3	Riding a Bike Safely	체육	안전	안전 의식
			4	Going to the Library	수학	측정	양의 측정
	2	The Sea	1	Life in a Fishing Village	사회	장소와 지역	장소
			2	A Story of the Sea	과학	대기와 해양	해수의 성질과 순환
			3	A Painting of the Sea	미술	표현	발상
			4	Waste Shark	실과	기술활용	혁신
	3	Diamonds	1	Why Are Diamonds So Special?	사회	경제	경제생활과 선택
			2	I Am Stronger Than You	과학	물질의 성질	물리적 성질과 화학적 성질
			3	Diamonds in Cities	미술	체험	연결
			4	Triangles in a Diamond	수학	도형	평면도형
Basic 4 (80 words) 초등 3-4학년	1	Bees	1	The Three Types of Honeybees	과학	생명의 연속성	생식
			2	Making Choices Together	사회	정치	민주주의와 국가
			3	A Bee in Music	음악	감상	음악의 요소와 개념
			4	Strong Honeycombs	수학	도형	평면도형
	2	Light	1	Why We Need Light	과학	파동	파동의 성질
			2	We Want Sleep!	사회	정치	민주주의와 국가
			3	Is It Day or Night?	미술	감상	이해
			4	Which Travels Faster?	수학	수와 연산	수의 연산
	3	Earthquakes	1	What Is an Earthquake?	과학	고체지구	판구조론
			2	Earthquakes around Us	사회	자연 환경과 인간 생활	자연 – 인간 상호작용
			3	Earthquake Safety Rules	체육	안전	안전 의식
			4	Helpful Technology	실과	기술활용	혁신

Chapter 1 Bees

영어로 '눈코 뜰 새 없이 바쁘다'는 말은 'as busy as a bee(벌만큼 바쁘다)'라고 해요. 그도 그럴 것이 벌은 꿀 1g을 얻기 위해 8천 송이의 꽃을 찾아다니고, 하루에 1,300번이나 애벌레의 방을 방문한다고 해요. 이번 Chapter에서 벌들에 관한 더 흥미로운 이야기들을 알아볼까요?

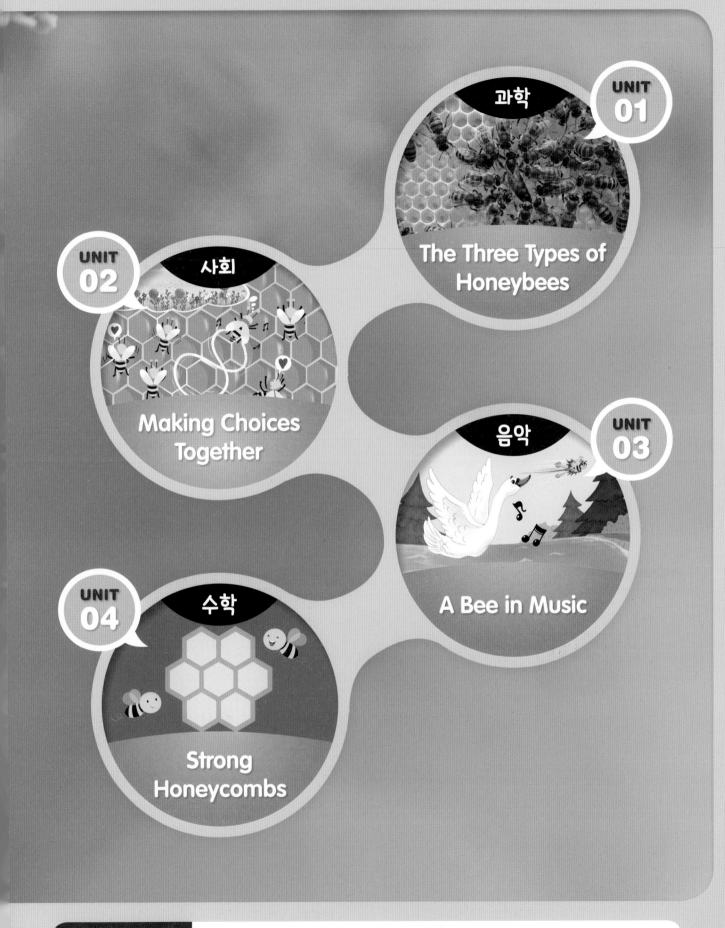

Chapter Q   Can you see bees around you?

The Three Types of Honeybees

Main Words QR코드를 이용하여 단어를 듣고, 따라 읽으며 한 번씩 써보세요.

honeybee 꿀벌

honeybee

queen bee 여왕벌

queen bee

worker bee 일벌

worker bee

drone 수벌

drone

hive 벌집

hive

More Words QR코드를 이용하여 단어를 듣고, 따라 읽으며 한 번씩 써보세요.

lay (알을) 낳다

lay

female 여성의, 암컷의

female

honey 꿀

honey

male 남성의, 수컷의

male

mate with ~와 짝짓다

mate with

12

Word Check

Main Words 선들을 따라 잇고, 각 그림에 알맞은 영어 단어를 써보세요.

① ② ③ ④ ⑤

----------- ----------- ----------- honeybee -----------

More Words 각 단어들을 퍼즐에서 찾아 동그라미 치고, 단어를 나타내는 그림 스티커를 붙이세요.

① lay

② male

Stick

③ honey

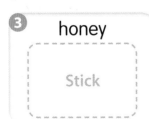

Stick

m	s	s	d	t	f	c	z
y	a	o	f	o	e	o	w
p	h	t	u	l	m	r	i
m	b	o	r	p	a	a	t
a	s	a	n	j	l	y	a
t	m	a	l	e	e	a	h
d	e	s	f	t	y	t	l
m	a	t	e	w	i	t	h

④ female

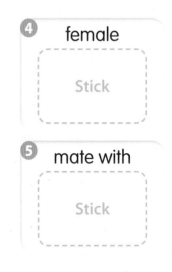

Stick

⑤ mate with

Stick

The Three Types of Honeybees

There are three types of honeybees.

They are queen bees, worker bees, and drones.

Queen Bee Worker Bee Drone

The Queen Bee

The queen bee is bigger than any other bee.

A hive has only one queen bee.

The queen bee lays about 2,000 eggs a day.

Pattern Check

위 글에서 아래 패턴을 찾아 □ 표시하세요.

They don't ~.
그들은 ~하지 않습니다.

아래 예문을 큰 소리로 따라 읽어보세요.

They don't like soup.
그들은 수프를 좋아하지 않습니다.

They don't eat dinner.
그들은 저녁을 먹지 않습니다.

Worker Bees

Worker bees are female bees.

But they don't lay eggs.

They collect food from flowers.

And they make honey.

They also make and clean the hive.

Drones

Drones are male bees.

They mate with the queen bee.

They don't work like worker bees.

우리의 식량은 꿀벌이 책임진다!
꿀벌은 꽃에서 꿀을 따고 다니면서 꽃가루를 이 꽃 저 꽃으로 옮겨요. 이러한 과정을 '수분'이라고 해요. 수분이 일어나면 꽃이 피고 농작물에 열매가 맺혀요. 실제로 꿀벌은 100가지가 넘는 작물의 수분을 도와줘요. 심지어 우리에게 꼭 필요한 목화와 커피에도 수분을 일으킨대요! 만약 꿀벌이 없다면 우리가 먹을 수 있는 음식도 줄어들지 않을까요?

Story Check

1 무엇에 관한 이야기인가요?

① types of honeybees
② bee eggs in a hive
③ making honey from flowers

2 문장을 읽고 맞으면 O, <u>틀리면</u> X에 ∨ 표시하세요.

	O	X
ⓐ There is only one queen bee in a hive.	☐	☐
ⓑ Drones mate with worker bees.	☐	☐

Graphic Organizer 보기에서 알맞은 말을 골라 빈칸을 완성하세요.

보기   food   mate with   hive   lays

Honeybees

Queen Bee
→ _____ about 2,000 eggs a day.

Worker Bees
→ collect _____ from flowers.
→ make and clean the _____.

Drones
→ _____ the queen bee.

16

Brain Power

흥미로운 미션을 풀고
코딩을 위한 사고력도 길러보세요!

 힌트를 참고하여 주어진 화살표 방향대로 ⓐ, ⓑ의 블럭을 차례로 뒤집어서 암호를 찾아 보세요. 그리고 각 암호의 한글 뜻도 함께 써보세요.

z	x	d	q	u	h	o	n	e	y
m	a	t	e	e	e	b	e	e	s
h	o	m	a	h	n	y	h	i	v
v	n	t	e	o	n	e	d	u	e
s	e	l	n	o	d	r	o	n	e
b	e	a	y	w	o	r	k	e	r

힌트

⬇➡ ___lay___

뜻: _____

ⓐ ⬇➡ _____

뜻: _____

ⓑ ⬅⬆ _____

뜻: _____

 꿀벌들이 대화를 나누고 있습니다. 아래 대화를 읽고 queen bee, drone, worker bee가 각각 몇 마리인지 써보세요.

I make honey.

 I collect food from flowers.

I am a male bee.

 I lay 2,000 eggs a day.

I clean the hive.

I make hives.

I am bigger than any other bee.

I mate with the queen bee.

queen bee: _____ 마리   drone: _____ 마리   worker bee: _____ 마리

Q How do you make decisions with your friends?

Making Choices Together

Main Words QR코드를 이용하여 단어를 듣고, 따라 읽으며 한 번씩 써보세요.

decision 결정

decision

president 대통령; *회장

president

election 선거

election

candidate 후보

candidate

democracy 민주주의

democracy

More Words QR코드를 이용하여 단어를 듣고, 따라 읽으며 한 번씩 써보세요.

choice 선택 참고 **choose** 선택하다

choice

site 장소

site

information 정보

information

promise 약속; *공약

promise

call 부르다

call

18

Word Check

Main Words 그림을 보고 빈칸에 알맞은 알파벳을 보기 에서 골라 단어를 완성하고, 알맞은 뜻의 스티커를 붙여 보세요.

보기 ＋ o a n r ＋ m e c d

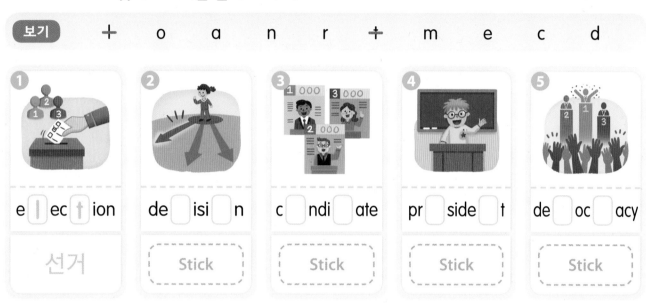

| e 	| l 	| ec 	| t 	| ion | de 	| 	| isi 	| 	| n | c 	| 	| ndi 	| 	| ate | pr 	| 	| side 	| 	| t | de 	| 	| oc 	| 	| acy |

선거   Stick   Stick   Stick   Stick

More Words 각 그림에 맞는 단어와 뜻을 연결해 보세요.

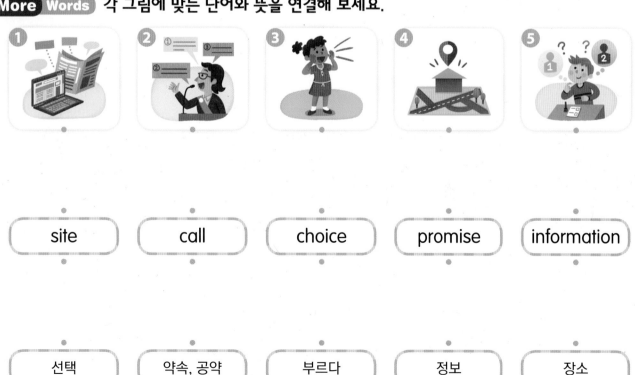

site   call   choice   promise   information

선택   약속, 공약   부르다   정보   장소

지문을 듣고
따라 읽어보세요.

How do bees choose a site for their hive?

The bees make the decision together.

Some of the bees find sites.

They come back and dance around the other bees.

The dances have information about the sites.

The other bees vote for the best site.

Pattern Check

위 글에서 아래 패턴을 찾아 □ 표시하세요.

A vote(s) for B.

A는 B에(게) 투표합니다.

아래 예문을 큰 소리로 따라 읽어보세요.

I **vote for** Jim.

저는 Jim에게 투표합니다.

The class **votes for** candidates.

그 반은 후보들에게 투표합니다.

20

Then how do we choose our class president?
We have an election.

Candidates make some promises to the class.
And the class votes for the best candidate.
Just like bees!

We call this "democracy."

윙윙~ 벌들도 투표해요

더 많은 사람이 원하는 것으로 결정하는 '다수결 원칙'은 오늘날 민주주의의 기본 원칙이에요. 그런데 벌들도 민주주의 원칙을 따른다는 사실을 알고 있나요? 몇몇 정찰 벌들이 새집을 지을 꽃밭을 찾기 위해 장소를 물색하고, 동료 벌들은 그중 가장 좋은 장소를 선택해 결정한대요. 벌들도 사람 못지않게 효율적인 의사 결정을 하는 것 같죠?

1 무엇에 관한 이야기인가요?

1 choosing the best site

2 a class election

3 making decisions together

2 문장을 읽고 맞으면 O, 틀리면 X에 ∨ 표시하세요.

	O	X
a The bee dances have information about the sites.	☐	☐
b Students have an election and choose a class president.	☐	☐

Graphic Organizer 보기 에서 알맞은 말을 골라 빈칸을 완성하세요.

보기   promises   dance   vote for   election   sites

Democracy

- Some of the bees find _____ for their hive.
- They come back and _____.
- The other bees vote for the best site.

- We have an _____.
- Candidates make some _____.
- We _____ the best candidate.

Brain Power

흥미로운 미션을 풀고
코딩을 위한 **사고력**도 길러보세요!

1 문제
해결력
아래 각 영단어의 뜻을 특정 규칙대로 나열해야 자물쇠를 열 수 있습니다.
단서 를 참고하여 각 단어를 나타내는 숫자를 알아내고, 숫자가 큰 순서부터
영단어의 뜻을 나열하세요.

단서

| Q W E R T Y | information | 4 | election | |
| A S D F G | choice | | candidate | |

[   ] > 정보 > [   ] > [   ]

2 논리적
사고력
아래 각 구슬에는 벌들이 새로운 집터를 고르는 과정이 쓰여있습니다.
집터를 고르는 순서에 맞게, 준호가 구슬을 따라 도착지에 갈 수 있도록
빈칸에 알맞은 화살표 스티커를 붙여보세요.

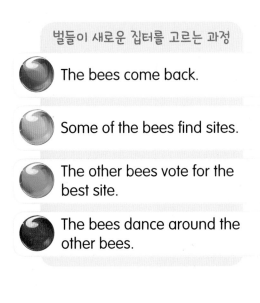

벌들이 새로운 집터를 고르는 과정

The bees come back.

Some of the bees find sites.

The other bees vote for the best site.

The bees dance around the other bees.

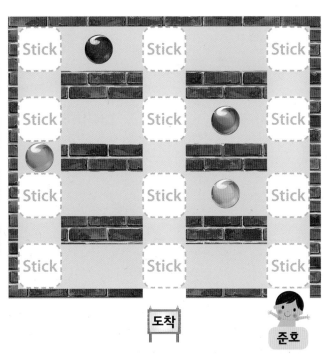

도착

준호

UNIT 03 음악 ♪ A Bee in Music

Main Words QR코드를 이용하여 단어를 듣고, 따라 읽으며 한 번씩 써보세요.

rhythm 리듬

rhythm

buzz (벌이) 윙윙거리다

buzz

instrument 악기

instrument

movement 움직임

movement

tension 긴장감

tension

More Words QR코드를 이용하여 단어를 듣고, 따라 읽으며 한 번씩 써보세요.

hear 듣다

hear

picture 그림; *~을 상상하다

picture

swan 백조

swan

change 바꾸다

change

scene 장면

scene

Word Check

Main **Words** 선들을 따라 잇고, 각 그림에 알맞은 영어 단어를 써보세요.

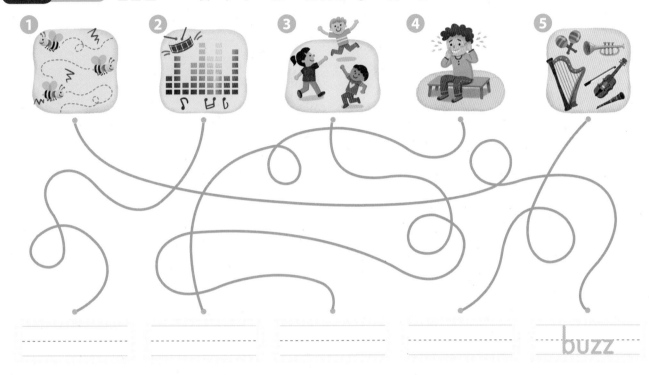

buzz

More **Words** 각 단어들을 퍼즐에서 찾아 동그라미 치고, 단어를 나타내는 그림 스티커를 붙이세요.

1 hear

2 swan

Stick

3 change

Stick

c	s	s	d	t	f	d	c
v	p	o	f	o	e	h	h
p	h	i	u	l	m	e	a
k	b	s	c	e	n	e	n
p	s	a	n	t	l	z	g
b	m	w	l	e	u	e	e
d	h	e	a	r	y	r	l
p	j	w	t	n	r	y	e

4 scene

Stick

5 picture

Stick

음악을 듣고 읽으면
재미가 두 배!

A Bee in Music

Listen to the song *Flight of the Bumblebee*.

Can you hear the fast rhythm?

And can you picture a buzzing bee?

*Flight of the Bumblebee 왕벌의 비행

Pattern Check

위 글에서 아래 패턴을 찾아 □ 표시하세요.

Can you ~?

당신은 ~할 수 있나요?

아래 예문을 큰 소리로 따라 읽어보세요.

Can you swim?

당신은 수영할 수 있나요?

Can you make pizza?

당신은 피자를 만들 수 있나요?

26

Instruments make the fast rhythm.

The rhythm shows the movement of the bumblebee.

We can feel tension in this music.

This song is from an opera.

In the opera, a swan changes a man into a bumblebee.

As the bumblebee flies, the rhythm gets faster.

Can you imagine this scene?

 마법에 걸린 왕자 이야기
<왕벌의 비행>은 러시아의 작곡가 림스키 코르사코프가 작곡한 오페라 <술탄 황제 이야기>
에 등장하는 곡이에요. 오페라에서 한 왕자가 벌떼들에게 공격받는 백조를 구해주고,
고마운 백조가 왕자를 왕벌로 변신시켜요. 왕벌이 된 왕자가 멀리 떨어져 있는 아버지를
보기 위해 날아가는 장면에서 바로 이 <왕벌의 비행>이 등장한답니다.

1 무엇에 관한 이야기인가요?

① a song about a bee   **②** different instruments
③ the movement of a swan

2 문장을 읽고 맞으면 O, 틀리면 X에 ∨ 표시하세요.

	O	X
ⓐ *Flight of the Bumblebee* is a song from an opera.	☐	☐
ⓑ In the opera, a swan changes a bumblebee into a man.	☐	☐

Graphic Organizer 보기 에서 알맞은 말을 골라 빈칸을 완성하세요.

보기   flies   movement   instruments   faster

Flight of the Bumblebee
- _____ make the fast rhythm.
- The rhythm shows the _____ of the bumblebee.

In the opera
- The bumblebee _____.
- The rhythm gets _____.

28

QR 찍고 힌트 보기

Brain Power

흥미로운 미션을 풀고
코딩을 위한 사고력도 길러보세요!

---

① 절차적 사고력

ⓐ, ⓑ의 각 그림에 맞는 단어와 뜻을 쓰고, 힌트 를 참고하여 각 단어에
해당하는 음표를 그려 악보를 완성하세요.

ⓐ 단어 : tension

뜻 : _____

ⓑ 단어 : _____

뜻 : _____

힌트

change

---

② 논리적 사고력

아래 힌트 를 참고하여 주어진 직사각형을 모양과 크기가 같도록 둘로
나눠 보세요.

힌트
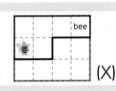

(O)   (X)

그림과 그림을 나타내는
단어를 함께 묶을 수 없어요.

ⓐ

rhythm	swan	
	picture	

ⓑ

hear	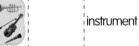	instrument
	buzz	change

Q Where can we see hexagons in everyday life?

Strong Honeycombs

Main Words QR코드를 이용하여 단어를 듣고, 따라 읽으며 한 번씩 써보세요.

honeycomb 벌집

honeycomb

hexagon 육각형

hexagon

-sided 면(변)이 있는

sided

polygon 다각형

polygon

More Words QR코드를 이용하여 단어를 듣고, 따라 읽으며 한 번씩 써보세요.

room 방

room

gap 틈

gap

weak 약한

weak

store 저장하다

store

stronger 더 강한

stronger

fill 채우다

fill

Word Check

Main **Words** 그림을 보고 빈칸에 알맞은 알파벳을 보기 에서 골라 단어를 완성하고, 알맞은 뜻의 스티커를 붙여 보세요.

보기   o   ÷   i   x   b   n   l   e   e   d

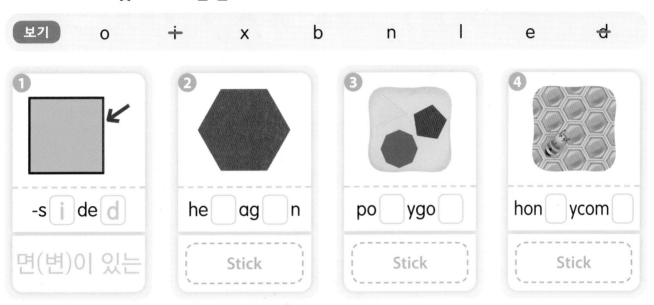

1. -s [i] de [d]

면(변)이 있는

2. he [ ] ag [ ] n

Stick

3. po [ ] ygo [ ]

Stick

4. hon [ ] ycom [ ]

Stick

More **Words** 각 그림에 맞는 단어와 뜻을 연결해 보세요.

fill	gap	store	weak	stronger

| 틈 | 더 강한 | 채우다 | 저장하다 | 약한 |

지문을 듣고
따라 읽어보세요.

Hexagons in a Honeycomb

We get honey from honeycombs.

A honeycomb has many rooms.

The rooms are hexagons.

A hexagon is a six-sided polygon.

Why do bees use hexagons?

Pattern Check

위 글에서 아래 패턴을 찾아 ☐ 표시하세요.

They need to ~.
그들은 ~해야 합니다.

아래 예문을 큰 소리로 따라 읽어보세요.

They need to do their homework.
그들은 숙제를 해야 합니다.

They need to clean the room.
그들은 방을 청소해야 합니다.

At first, bees make circles.

But there are gaps between the circles.

The honeycomb can become weak.

They need to store a lot of honey.

So they need to make stronger rooms.

Bees fill the gaps between the circles.

Later the circles become hexagons.

Hexagons make a strong honeycomb for bees!

아하! 육각형에 이런 비밀이?
튼튼한 건물을 지을 때 건물의 뼈대인 철근을 벌집과 같은 육각형으로 정밀하게 엮어 만들어요. 육각형은 빈틈없이 서로 붙어 있어서 안정적이기 때문이에요. 물론 삼각형이나 사각형을 붙여도 그 사이에 빈틈은 없지만 육각형보다 크기가 작아서 더 많은 재료가 필요해요. 또 삼각형과 사각형은 외부의 충격을 분산시키지 못해서 쉽게 찌그러질 수 있다고 해요.

1 무엇에 관한 이야기인가요?

① many polygons around us   **②** a shape in honeycombs
③ honey from honeycombs

2 문장을 읽고 맞으면 O, <u>틀리면</u> X에 ∨ 표시하세요.

	O	X
ⓐ A hexagon is a six-sided polygon.	☐	☐
ⓑ Circles make a strong honeycomb for bees.	☐	☐

Graphic Organizer 보기 에서 알맞은 말을 골라 빈칸을 완성하세요.

보기   gaps   fill   strong   circles   hexagons

Rooms in a Honeycomb

At First

- Bees make _____.
- There are _____ between the circles.

Later

- The circles become _____.
- Hexagons make a _____ honeycomb.

Bees _____ the gaps.

QR 찍고 힌트 보기

Brain Power

흥미로운 미션을 풀고
코딩을 위한 **사고력**도 길러보세요!

절차적 사고력

어떤 규칙에 따라 도형과 단어가 변하고 있습니다. 단서 를 참고하여 빈칸에 들어갈 도형을 그리고, 완성된 단어와 그 뜻을 써보세요.

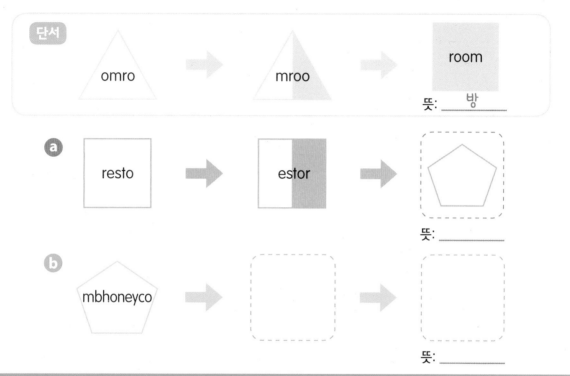

단서

omro ➡ mroo ➡ room

뜻: __방__

ⓐ resto ➡ estor ➡ ⬠

뜻: ____

ⓑ mbhoneyco ➡ ⬜ ➡ ⬜

뜻: ____

문제 해결력

벌들이 집을 만들고 있습니다. 아래 벌의 능력치를 읽고 벌집의 빈칸에 알맞은 숫자를 넣어보세요.

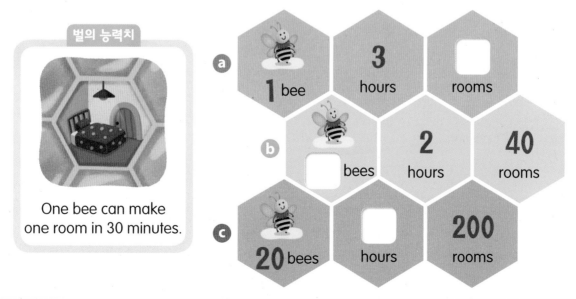

벌의 능력치

One bee can make
one room in 30 minutes.

ⓐ 1 bee | 3 hours | ☐ rooms

ⓑ ☐ bees | 2 hours | 40 rooms

ⓒ 20 bees | ☐ hours | 200 rooms

Chapter 1 Bees **35**

Wrap UP!

Unit 01 아래 설명에 관련된 벌들을 찾아 연결해보세요.

I make and clean the hive.

I lay many eggs.

I am bigger than any other bee.

I am a male bee.

 Queen Bee

 Drone

 Worker Bee

I am the only one in the hive.

I collect food from flowers.

I make honey.

I mate with the queen bee.

기억이 안 난다면? 12쪽으로 이동하세요.

Unit 02 그림에 맞는 단어가 되도록 연결하고 단어의 뜻을 써보세요.

 cho

 infor

 candi

 pro

 elec

tion

mise

date

ice
선택

mation

기억이 안 난다면? 18쪽으로 이동하세요.

Unit 03 각 그림에 알맞은 단어에 ✓ 표시하고 그 뜻도 써보세요.

1

✓ movement

☐ tension

뜻: 움직임

2

☐ rhythm

☐ scene

뜻: _____

3

☐ buzz

☐ swan

뜻: _____

4

☐ picture

☐ instrument

뜻: _____

기억이 안 난다면? 24쪽으로 이동하세요.

Unit 04 보기에서 알맞은 말을 골라 빈칸을 완성하고 각 그림에 어울리는 문장 번호를 써보세요.

보기   circles   hexagons   gaps

Hexagons make a strong honeycomb.

1 At first, bees make _____.

2 Bees fill the _____ between the circles.

3 The circles become _____ later.

☐

☐

☐

기억이 안 난다면? 30쪽으로 이동하세요.

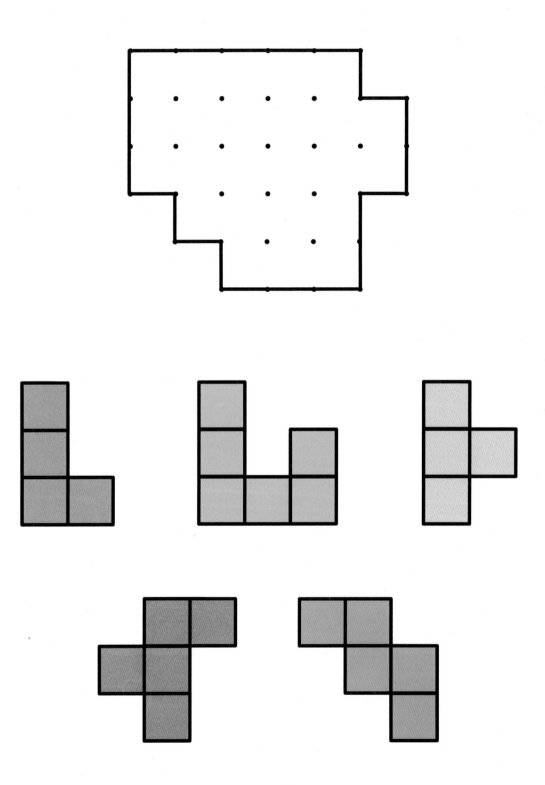

아래 큰 도형을 완성할 수 있는 작은 도형들의 조합을 골라 보세요.

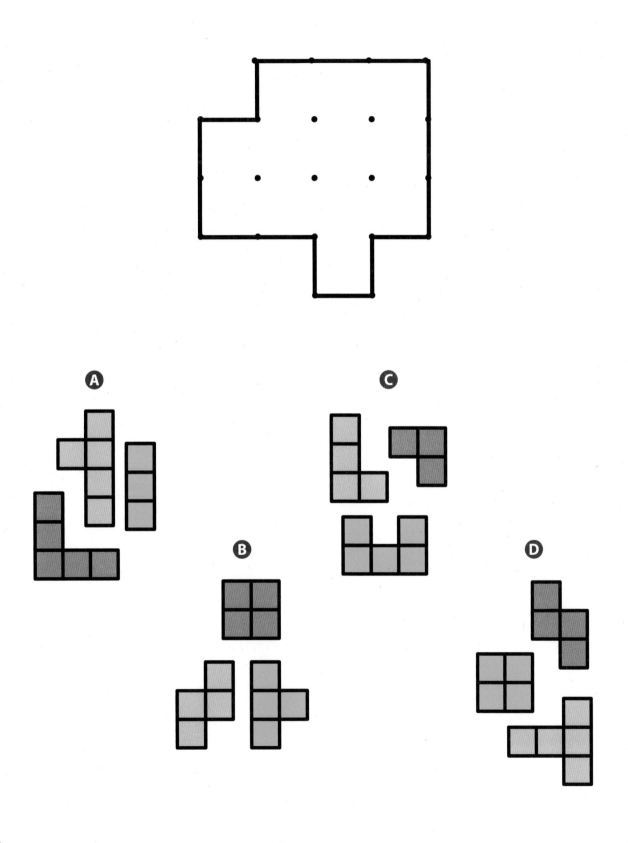

Chapter 2 Light

빛이 없다면 밤낮의 구분이 없어지고 아무것도 보이지 않아 일상생활이 어려울 거예요. 이처럼 우리는 빛이 필요해요. 하지만 잠을 자야 하는 한밤중에도 환한 불빛이 필요할까요? 이번 Chapter에서 빛에 관련된 다양한 이야기를 읽어보며 생각해봅시다. 물론 빛을 활짝 켜고요!

UNIT 01

과학

Why We Need Light

UNIT 02

사회

We Want Sleep!

UNIT 03

미술

Is It Day or Night?

UNIT 04

수학

Which Travels Faster?

Chapter Q   How can we see things at night?

Why We Need Light

Main Words QR코드를 이용하여 단어를 듣고, 따라 읽으며 한 번씩 써보세요.

dark 어둠, 어두운

-------- dark --------

light 빛

-------- light --------

work 일하다; *작동하다

-------- work --------

reflect 반사하다

-------- reflect --------

reach 도달하다

-------- reach --------

More Words QR코드를 이용하여 단어를 듣고, 따라 읽으며 한 번씩 써보세요.

object 물건

-------- object --------

without ~ 없이

-------- without --------

hit 때리다; *부딪히다

-------- hit --------

come from ~로부터 오다

-------- come from --------

lamp 전등

-------- lamp --------

42

Word Check

Main Words 선들을 따라 잇고, 각 그림에 알맞은 영어 단어를 써보세요.

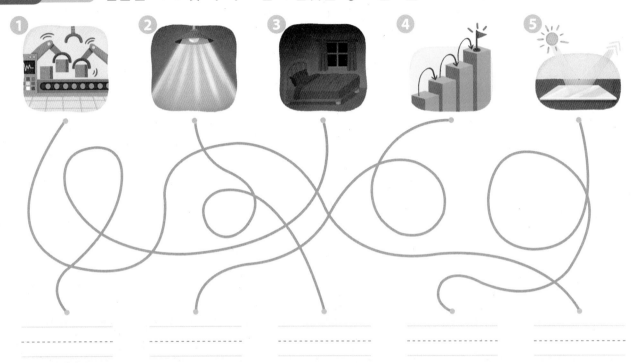

① ② ③ ④ ⑤

- -

More Words 각 단어들을 퍼즐에서 찾아 동그라미 치고, 단어를 나타내는 그림 스티커를 붙이세요.

① hit

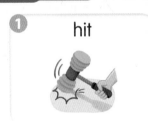

② object

Stick

③ lamp

Stick

w	i	t	z	i	t	u	m
a	i	j	e	p	c	o	p
h	a	t	m	o	r	b	c
i	e	a	h	f	c	z	o
t	l	f	e	o	m	e	m
w	a	m	c	r	u	c	e
i	o	b	j	e	c	t	h
c	h	f	l	a	n	p	a

④ without

Stick

⑤ come from

Stick

지문을 듣고
따라 읽어보세요.

Why We Need Light

How can we see objects around us?

We can see them with our eyes.

But we can't see in the dark.

We can't see without light.

Pattern Check

위 글에서 아래 패턴을 찾아 ☐ 표시하세요.

We can see ~.

우리는 ~을[를] 볼 수 있습니다.

아래 예문을 큰 소리로 따라 읽어보세요.

We can see the full moon today.
우리는 오늘 보름달을 볼 수 있습니다.

We can see many paintings here.
우리는 이곳에서 많은 그림을 볼 수 있습니다.

How does light work?

Light hits an object.

The object **reflects** the light.

The light **reaches** our eyes.

And we can see the object.

Where does light come from?

It comes from the sun.

It also comes from lamps and smartphones.

We call these *light sources.

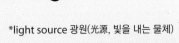

*light source 광원(光源, 빛을 내는 물체)

 하늘은 하늘색이 아니다?
하늘은 우리 눈엔 연한 파란색(하늘색)으로 보이지만 사실 그 자체에는 색이 없어요.
우리가 보는 하늘색의 하늘은 사실 빛의 색이에요! 무지개색으로 이루어진 빛은 먼지나
빗방울에 부딪혀 이리저리 튕겨 나가요. 이때 푸른색이 더 빠르게 흩어지기 때문에 우리의
눈에 하늘이 파랗게 보이는 거랍니다.

1 무엇에 관한 이야기인가요?

① objects in the dark   **②** light from the sun   **③** how we see objects

2 문장을 읽고 맞으면 O, <u>틀리면</u> X에 ∨ 표시하세요.

	O	X
ⓐ We can see objects without light.	☐	☐
ⓑ Light comes from light sources.	☐	☐

Graphic Organizer 보기 에서 알맞은 말을 골라 빈칸을 완성하세요.

보기	reflects	reaches	see	hits

How can we see an object?

① Light   an object.

② The object   the light.

③ The light   our eyes.

④ We can   the object.

Brain Power

흥미로운 미션을 풀고
코딩을 위한 사고력도 길러보세요!

1 논리적 사고력

5장의 알파벳 카드를 가진 세 사람이 아래와 같이 카드를 주고받았습니다.
세 사람이 최종적으로 가진 알파벳을 조합한 단어를 뜻과 함께 써보세요.

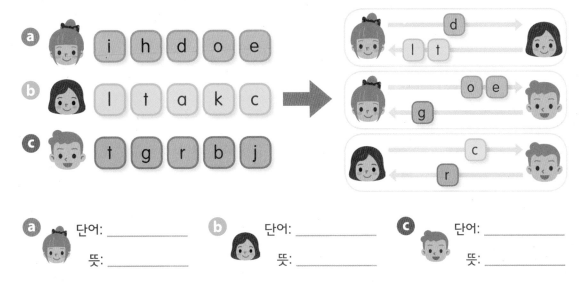

a   i   h   d   o   e

b   l   t   a   k   c

c   t   g   r   b   j

a   단어: _____   뜻: _____

b   단어: _____   뜻: _____

c   단어: _____   뜻: _____

2 절차적 사고력

한 건물의 각 층에 방 번호가 지워진 곳이 있습니다. 각 층마다 번호 배열
규칙을 찾아 방 번호를 알아내고, 단서 를 참고하여 어두운 방에는 꺼진
전구 스티커를, 밝은 방에는 켜진 전구 스티커를 붙여보세요.

단서

We can't see in the dark!	We can see with light!
B2 D2	A3 C4

A1	A2	A3	A4	B1	Stick	B3	B4
A1	B3	C1	D3	D1	C3	B1	Stick
C1	Stick	C3	D4	Stick	D3	C2	D1

We Want Sleep!

Main Words QR코드를 이용하여 단어를 듣고, 따라 읽으며 한 번씩 써보세요.

bright 밝은
bright

headlight 헤드라이트, 전조등
headlight

meeting 회의
meeting

solution 해결책
solution

More Words QR코드를 이용하여 단어를 듣고, 따라 읽으며 한 번씩 써보세요.

noisy 시끄러운
noisy

think 생각하다 참고 **thought** think의 과거형
think

neighbor 이웃
neighbor

turn down (조명을) 낮추다
turn down

hang 걸다, 달다
hang

curtain 커튼
curtain

48

Word Check

Main **Words** 그림을 보고 빈칸에 알맞은 알파벳을 보기 에서 골라 단어를 완성하고, 알맞은 뜻의 스티커를 붙여 보세요.

보기   r   h   s   m   d   t   l   g

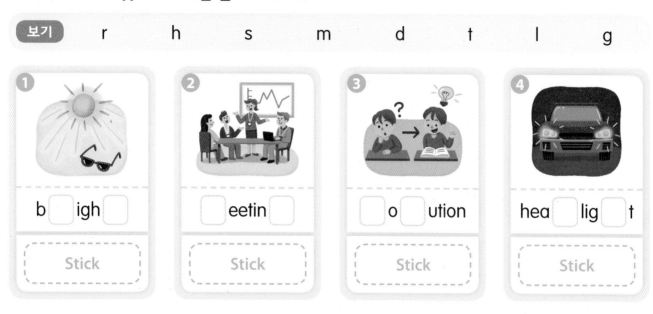

1. b [ ] igh [ ]

   Stick

2. [ ] eetin [ ]

   Stick

3. [ ] o [ ] ution

   Stick

4. hea [ ] lig [ ] t

   Stick

More **Words** 각 그림에 맞는 단어와 뜻을 연결해 보세요.

| turn down | noisy | hang | think | neighbor |

| 시끄러운 | 생각하다 | (조명을) 낮추다 | 이웃 | 걸다, 달다 |

지문을 듣고
따라 읽어보세요.

We Want Sleep!

My family couldn't sleep well.
We found the problem.
It was too **bright** at night!

Many stores were open late.
Sometimes headlights came through the windows.
There were many noisy bugs outside too.
They thought it was day, not night.

Pattern **Check**

위 글에서 아래 패턴을 찾아 ☐ 표시하세요.

We found ~.
우리는 ~을[를] 발견했습니다.
우리는 ~을[를] 마련했습니다.

아래 예문을 큰 소리로 따라 읽어보세요.

We found a nice beach.
우리는 멋진 해변을 발견했습니다.

We found solutions for the problem.
우리는 그 문제의 해결책을 마련했습니다.

My neighbors had the same problem.

So we had a meeting.

We found some solutions.

<Solutions>

1. **Stores:** Turn down the lights.

2. **Drivers:** Don't use bright headlights.

3. **Families:** Hang curtains on the windows.

Everybody agreed with the solutions!

Now we are enjoying dark nights.

 불 좀 꺼주세요!

요즘에는 야외의 강한 조명이나 화려한 네온사인 때문에 밤에 잠들지 못하는 사람들이 많아요. 이러한 문제를 '빛공해(Light Pollution)'라고 해요. 빛공해는 동식물에도 나쁜 영향을 끼쳐요. 식물들이 잘 자라지 못하거나 병이 들고, 별을 보며 이동하는 철새들이 빛 때문에 길을 잃기도 해요. 그래서 '빛공해 방지법'과 같은 법도 생겼대요.

1 무엇에 관한 이야기인가요?

1 bright headlights   **2** solutions for bright nights

3 problems in meetings

2 문장을 읽고 맞으면 O, <u>틀리면</u> X에 ∨ 표시하세요.

	O	X
a The night was too bright in the story.	☐	☐
b The neighbors are now enjoying bright nights.	☐	☐

Graphic Organizer 보기 에서 알맞은 말을 골라 빈칸을 완성하세요.

보기	turn down	bright	curtains	stores	noisy

The Problem	**It was too _____ at night. Why?**
	1) Many _____ were open late.
	2) Headlights came through the windows.
	3) There were many _____ bugs outside.

Solutions	
	1. **Stores:** _____ the lights.
	2. **Drivers:** Don't use bright headlights.
	3. **Families:** Hang _____ on the windows.

Brain Power

흥미로운 미션을 풀고
코딩을 위한 사고력도 길러보세요!

1 논리적 사고력 아래 신호등은 각각 ★, ♠, ♣ 자리에 있는 어떤 알파벳을 나타냅니다.
각 단어를 그림에 맞게 써보고, 신호등이 어떤 알파벳을 나타내는지 찾아보세요.

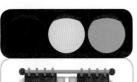

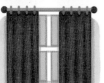

c★rta♠n
_____

t★rn d♠wn
_____

ne★ghb♠r
_____

s★l♠t♣★n
_____

ANSWER

2 문제 해결력 어느 동네에 Store A와 B의 불빛으로 밤에 잠 못 드는 집들이 있다고 합니다.
아래 설명과 힌트 를 읽고 Store B는 어디에 있는지 지도에 표시해보세요.

Store A and B are open late at night.
House B, C, and E can sleep well.
But House A and D can't sleep well.

힌트

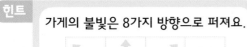
가게의 불빛은 8가지 방향으로 퍼져요.

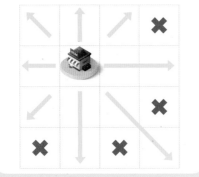

지도

House A				House B
		Store A		
House C	House D			
	House E			

Is It Day or Night?

Main Words QR코드를 이용하여 단어를 듣고, 따라 읽으며 한 번씩 써보세요.

daytime 낮

~~daytime~~

streetlight 가로등

~~streetlight~~

nighttime 밤

~~nighttime~~

peaceful 평화로운

~~peaceful~~

scary 무서운

~~scary~~

More Words QR코드를 이용하여 단어를 듣고, 따라 읽으며 한 번씩 써보세요.

normal 보통의, 평범한

~~normal~~

strange 이상한

~~strange~~

top 윗부분

~~top~~

below 아래에

~~below~~

possible 가능한

~~possible~~

Word Check

Main Words 선들을 따라 잇고, 각 그림에 알맞은 영어 단어를 써보세요.

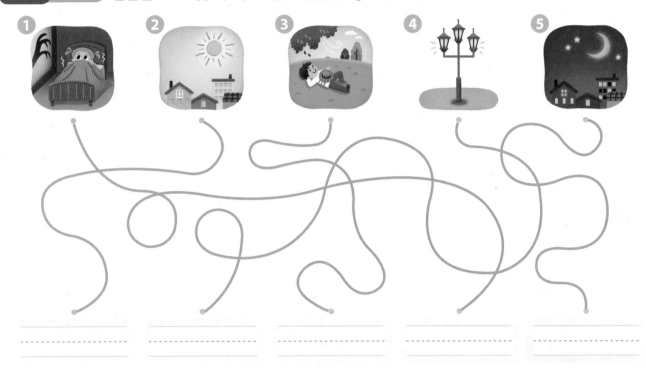

① ② ③ ④ ⑤

More Words 각 단어들을 퍼즐에서 찾아 동그라미 치고, 단어를 나타내는 그림 스티커를 붙이세요.

① top

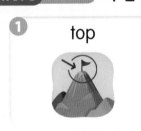

② normal

Stick

③ below

Stick

p	s	s	d	t	f	d	c
v	o	e	l	r	o	n	h
p	h	s	a	z	m	o	a
k	b	s	s	e	n	r	n
p	j	a	t	i	l	m	g
b	e	l	o	w	b	a	e
x	o	b	p	e	c	l	l
p	s	t	r	a	n	g	e

④ strange

Stick

⑤ possible

Stick

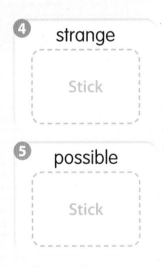

지문을 듣고
따라 읽어보세요.

Is It Day or Night?

Look at this painting, *The Empire of Light*.

*The Empire of Light 빛의 제국

르네 마그리트 〈빛의 제국〉

It doesn't look like a normal painting.

Do you see any strange things?

There is a bright sky at the top.

It looks like it is daytime.

Pattern Check

위 글에서 아래 패턴을 찾아 □ 표시하세요.

It looks like it is ~.
~인 것 같습니다.

아래 예문을 큰 소리로 따라 읽어보세요.

It looks like it is cold outside.
바깥이 추운 것 같습니다.

It looks like it is sunny today.
오늘 날씨가 맑은 것 같습니다.

However, there is a streetlight in the dark village below.

It looks like it is nighttime.

It is not possible in real life.

But it is possible in the painting!

르네 마그리트 〈빛의 제국 II〉

What do you think about this painting?

Is it peaceful or scary?

 르네 마그리트(René Magritte)의 재미있는 상상력
이야기에 소개된 〈빛의 제국〉 시리즈는 벨기에의 화가 르네 마그리트가 그린 그림이에요.
이 그림에서는 위쪽은 밝은 대낮 같지만, 아래쪽은 밤 풍경을 나타내 기괴한 느낌을 주죠.
마그리트는 사과, 장미꽃 등 친숙한 사물들을 생각지도 못한 공간에 두거나, 사물의 크기를
변형시키는 등 장난기 가득하고 기발한 상상이 돋보이는 작품들을 많이 그렸답니다.

1 무엇에 관한 이야기인가요?

  ① a bright sky   **②** a strange painting   **③** a normal village

2 문장을 읽고 맞으면 O, 틀리면 X에 ∨ 표시하세요.

  ⓐ There are no lights in the dark village in the painting.

  ⓑ The scene in the painting is not possible in real life.

Graphic Organizer 보기 에서 알맞은 말을 골라 빈칸을 완성하세요.

보기   streetlight   daytime   possible   sky   nighttime

Top

There is a bright _____.

It is _____.

Below

There is a _____ in the dark village.

It is _____.

It is not _____ in real life.

René Magritte – *The Empire of Light II*

Brain Power

흥미로운 미션을 풀고
코딩을 위한 사고력도 길러보세요!

 문제 해결력

아래 힌트 를 참고하여 덧셈식의 답에 해당하는 단어를 찾아 뜻과 함께 써보세요.

힌트

빨강, 노랑, 파랑이 서로 섞이면 이런 색이 나와요.

ⓐ 1+3= <u>peaceful</u>　뜻: _____

ⓑ 1+5= _____　뜻: _____

ⓒ 3+5= _____　뜻: _____

1 top　2 peaceful　3 scary　4 strange　5 normal　6 possible

 절차적 사고력

로봇은 화살표 명령어를 따라 미로를 탈출할 수 있습니다. 아래 그림과 관련된 정보를 모두 따라가도록 빈칸에 알맞은 화살표를 그려 로봇의 미로 탈출을 도와주세요.

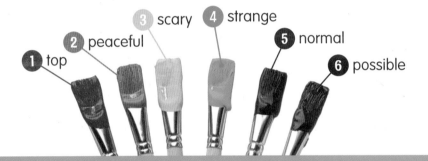

출발 →	bright sky	bright village	dark sky
dark sky	René Magritte	The Empire of Light	Van Gogh
bright village	daytime	dark village	탈출 성공!
Van Gogh	nighttime	bright sky	streetlight

화살표 명령어

→ ○ → ○ ← ○ ○ ○ ↑

UNIT 04 수학

Q Is light faster than sound? Yes ☐ No ☐

Which Travels Faster?

Main Words QR코드를 이용하여 단어를 듣고, 따라 읽으며 한 번씩 써보세요.

lightning 번개

lightning

thunder 천둥

thunder

second 두 번째의; *초

second

fireworks 불꽃놀이

fireworks

More Words QR코드를 이용하여 단어를 듣고, 따라 읽으며 한 번씩 써보세요.

rainy 비 오는

rainy

flash 번쩍이다

flash

right away 바로, 당장

right away

slowly 느리게

slowly

learn 배우다, 알게 되다

learn

far 멀리, 먼

far

60

Main Words 그림을 보고 빈칸에 알맞은 알파벳을 보기 에서 골라 단어를 완성하고, 알맞은 뜻의 스티커를 붙여 보세요.

보기   d   c   h   w   g   r   e   n

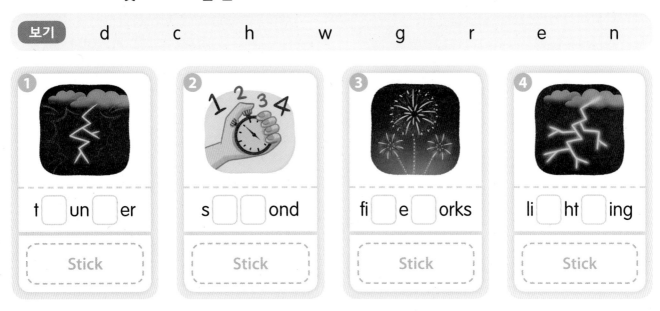

1. t ☐ un ☐ er — Stick
2. s ☐ ☐ ond — Stick
3. fi ☐ e ☐ orks — Stick
4. li ☐ ht ☐ ing — Stick

More Words 각 그림에 맞는 단어와 뜻을 연결해 보세요.

| flash | rainy | learn | far | slowly |

| 비 오는 | 배우다, 알게 되다 | 멀리, 먼 | 번쩍이다 | 느리게 |

지문을 듣고
따라 읽어보세요.

Which Travels Faster?

Light travels very fast.

Then is it faster than sound?

Think about a rainy day.

Lightning flashes.

And we see it right away.

But we hear thunder later.

Because sound travels more slowly than light.

위 글에서 아래 패턴을 찾아 □ 표시하세요.

Is it ~?
그것은 ~인가요[하나요]?

아래 예문을 큰 소리로 따라 읽어보세요.

Is it your bag?
그것은 당신의 가방인가요?

Is it delicious?
그것은 맛있나요?

Count the time between lightning and thunder.

We can learn how far away they are.

Is it five seconds?

Then they are about 1,700 meters away from us.

Because sound can travel about 340 meters in a second.

Count the time between fireworks and their sounds.

Is it three seconds?

Then how far away are they?

In 1 second, sound can travel about _____ meters.

In 3 seconds, sound can travel about _____ meters.

 세상에서 제일 빠른 빛

빛은 굉장히 빠른 속도로 이동한다고 알려져 있어요. 1초에 30만km나 이동할 수 있는데, 소리보다 무려 90만 배나 빠른 속도예요. 얼마나 빠르냐 하면 1초에 지구 둘레의 약 7바퀴 반이나 되는 거리를 이동하는 정도예요. 만일 우리가 빛의 속도로 이동할 수 있다면 달까지는 약 1초 정도, 태양까지는 약 8분 정도 걸린대요.

Story Check

1 무엇에 관한 이야기인가요?

① a rainy day　　　　② flashing fireworks

③ the speeds of light and sound

2 문장을 읽고 맞으면 O, 틀리면 X에 √ 표시하세요.

	O	X
ⓐ Sound travels faster than light.	☐	☐
ⓑ Sound can travel about 340 meters in a second.	☐	☐

Graphic Organizer　보기 에서 알맞은 말을 골라 빈칸을 완성하세요.

보기　　rainy　　1,020　　faster　　1,700　　thunder

Light travels _____ than sound.

On a _____ Day	During Fireworks
• Lightning flashes.	• Fireworks flash.
• We hear _____ five seconds later.	• We hear the sound three seconds later.

→ They are about _____ meters away from us.

→ They are about _____ meters away from us.

64

QR 찍고 힌트 보기

Brain Power

흥미로운 미션을 풀고 코딩을 위한 **사고력**도 길러보세요!

 절차적 사고력

아래 다트 놀이에서는 각 알파벳에 해당하는 점수에 맞게 여러 모양의 다트를 두 번씩 과녁에 던질 수 있습니다. 점수와 단서를 참고하여 과녁에 알맞은 다트 스티커를 붙이고 영단어의 뜻도 써보세요.

점수 a: 2점 l: 3점 n: 5점 t: 6점

단서

★ear♥: ___배우다___

1 2 3

 ⓐ

r★i♥y: _____

1 2 3

 ⓑ

★igh♥▲ing: _____

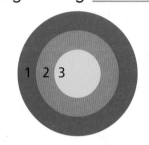
1 2 3

 문제 해결력

네 사람이 어느 동네 근처에서 불꽃놀이를 했습니다. 불꽃이 터진 시간과 소리가 난 시간의 기록을 보고, 규정을 지키지 <u>않은</u> 사람에 모두 √ 표시하세요.

규정 The fireworks must be 700 meters away from the town.

Anna ◯
Fireworks  19:30:25
Sound 19:30:27

Bob ◯
Fireworks 19:33:58
Sound 19:34:02

Cindy ◯
Fireworks 19:35:18
Sound 19:35:21

David ◯
Fireworks 19:37:59
Sound 19:38:00

Wrap UP!

Unit 01 보기 에서 알맞은 말을 골라 그림을 설명하는 문장을 완성해보세요.

보기   light source   reflects   dark   light

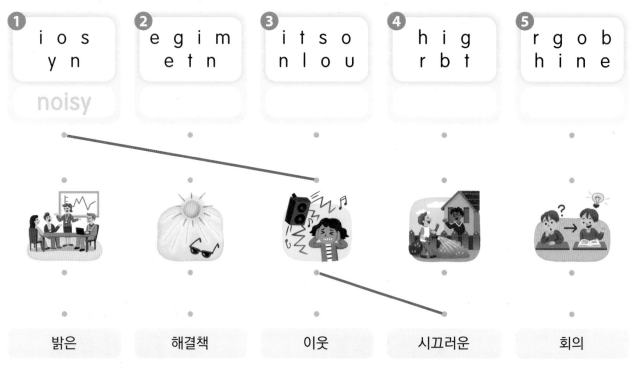

1 We can't see in the _____. 우리는 어둠 속에서 볼 수 없다.

2 An object _____ the light. 물건은 빛을 반사한다.

3 _____ comes from a lamp. The lamp is a _____.
빛은 전등으로부터 나온다.   전등은 광원이다.

기억이 안 난다면? 42쪽으로 이동하세요.

Unit 02   상자 안의 알파벳을 조합하여 영단어를 만들고, 알맞은 그림과 뜻에 연결하세요.

1 i o s
   y n
noisy

2 e g i m
   e t n

3 i t s o
   n l o u

4 h i g
   r b t

5 r g o b
   h i n e

밝은   해결책   이웃   시끄러운   회의

기억이 안 난다면? 48쪽으로 이동하세요.

Unit 03 보기 에서 알맞은 말을 골라 밑줄 친 부분을 바르게 고치고 그 뜻도 써보세요.

보기   ay   ca   ~~ra~~   ti   si

①	②	③	④	⑤
st<u>de</u>nge	pos<u>re</u>ble	s<u>kw</u>ry	night<u>lo</u>me	<u>deb</u>time

strange
이상한

기억이 안 난다면? 54쪽으로 이동하세요.

Unit 04 각 질문에 알맞은 답이 되도록 빈칸에 알맞은 말을 보기 에서 골라 써보세요.

보기   sound   slowly   light   second

① **Q.** Which travels faster? Light or sound?

A. [   ] travels faster than [   ].

② **Q.** Lightning flashes, and we hear thunder later. Why?

A. Because sound travels more [   ] than light.

③ **Q.** How fast can sound travel?

A. Sound can travel about 340 meters in one [   ].

기억이 안 난다면? 60쪽으로 이동하세요.

성냥을 한 번씩만 옮겨서 알맞은 덧셈식 또는 뺄셈식을
완성해보세요.

1

2

3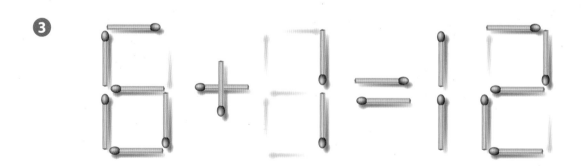

성냥을 한 번씩만 옮겨서 알맞은 곱셈식을 완성해보세요.

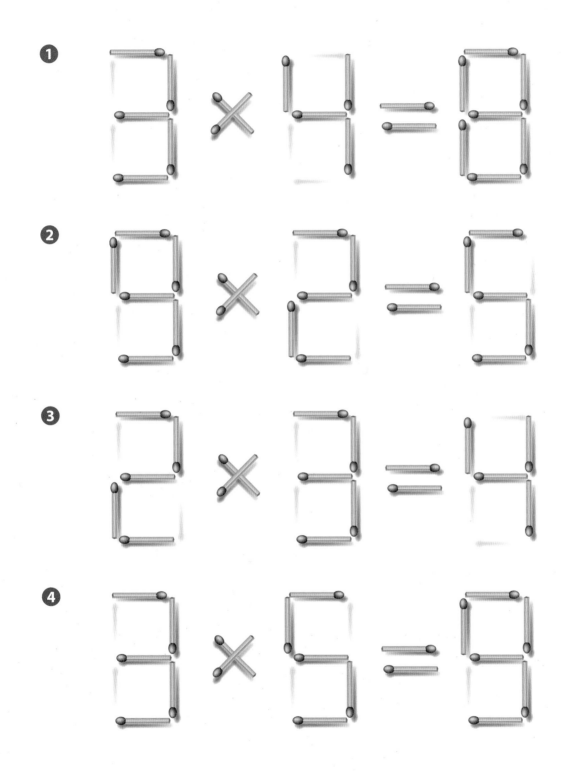

① 3 × 4 = 8

② 9 × 2 = 5

③ 2 × 3 = 4

④ 3 × 5 = 9

Chapter 3 Earthquakes

 지진은 왜 발생할까요? 그리고 지진이 일어나면 어떻게 대처해야 할까요? 갑작스럽게 발생하는 지진에 대처하기 위해서는 평소 지진 대피 훈련을 하고 안전 규칙을 알아두는 것이 중요합니다. 지진이 발생하는 이유와 지진 대피 요령에 관해 이번 Chapter에서 알아봅시다.

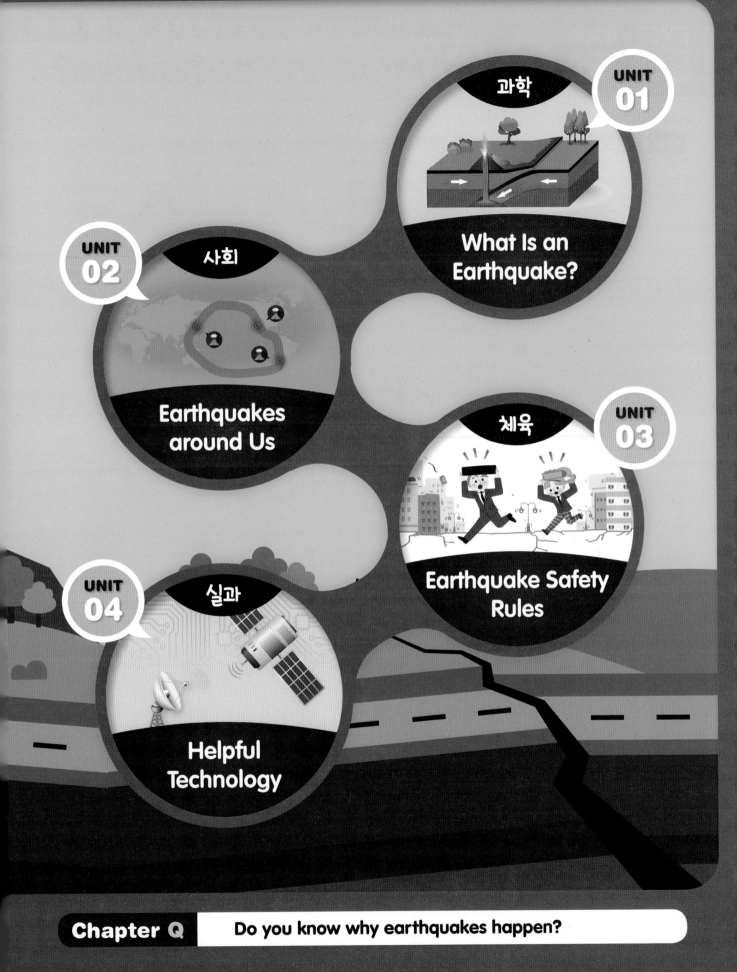

Chapter Q Do you know why earthquakes happen?

Q Have you felt earthquakes? Yes ☐ No ☐

What Is an Earthquake?

Main Words QR코드를 이용하여 단어를 듣고, 따라 읽으며 한 번씩 써보세요.

earthquake 지진

earthquake

shake 흔들리다 참고 **shaking** 흔들림

shake

volcano 화산

volcano

erupt 분출하다

erupt

scale 규모, 등급

scale

wave 파도; *파, 파동

wave

More Words QR코드를 이용하여 단어를 듣고, 따라 읽으며 한 번씩 써보세요.

happen 일어나다

happen

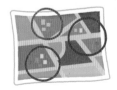

still 아직; *가만히 있는

still

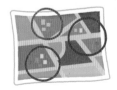

area 지역

area

measure 측정하다

measure

Word Check

Main **Words** 선들을 따라 잇고, 각 그림에 알맞은 영어 단어를 써보세요.

More **Words** 각 단어들을 퍼즐에서 찾아 동그라미 치고, 단어를 나타내는 그림 스티커를 붙이세요.

① area

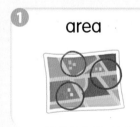

n	t	h	l	e	i	s	m
e	m	w	a	s	t	e	a
p	e	a	n	p	a	i	l
a	a	v	o	z	p	l	u
h	s	w	u	e	i	e	r
m	u	r	m	t	s	n	n
q	r	k	s	a	r	e	a
r	e	h	e	b	n	s	r

③ measure

Stick

② still

Stick

④ happen

Stick

What Is an Earthquake?

An earthquake is a shaking of the ground.

Why do earthquakes happen?

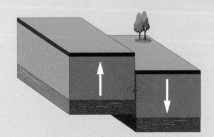

There are rocks under the ground.

These rocks don't always stay still.

Sometimes they move, and then the ground shakes.

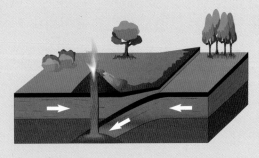

Volcanoes erupt in some areas.

Then pressure goes up under the ground.

So rocks break, and the ground shakes.

Pattern Check

위 글에서 아래 패턴을 찾아 ☐ 표시하세요.	아래 예문을 큰 소리로 따라 읽어보세요.
People can feel ~. 사람들은 ~을[를] 느낄 수 있습니다.	**People can feel** the movement. 사람들은 움직임을 느낄 수 있습니다. **People can feel** the tension. 사람들은 긴장감을 느낄 수 있습니다.

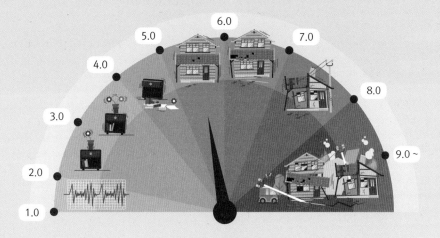

Scientists measure earthquakes.

They use a scale.

Over 3.5 on the scale, people can feel the shaking.

Earthquakes make earthquake waves.

They travel through the ground quickly.

So people can feel earthquakes far away.

 숫자를 보면 알 수 있어요!

지진의 강도를 가장 먼저 절대적 수치로 나타낸 사람은 미국의 '리히터'라는 지질학자예요.
그래서 그의 이름을 따 지진의 규모를 '리히터 규모'라고 불러요. 리히터 규모가 5.5 이상
이 되면 건물에 금이 갈 수 있는 정도이고, 규모 8 이상이 되면 대지진으로 분류한답니다.
현재까지 기록된 가장 강한 지진은 1960년에 칠레에서 발생한 지진(규모 9.5)입니다.

1 무엇에 관한 이야기인가요?

① earthquakes   **②** rocks under the ground   **③** volcanoes

2 문장을 읽고 맞으면 O, <u>틀리면</u> X에 √ 표시하세요.

	O	X
ⓐ Rocks under the ground always stay still.	☐	☐
ⓑ Earthquake waves travel through the ground quickly.	☐	☐

Graphic Organizer 보기 에서 알맞은 말을 골라 빈칸을 완성하세요.

보기   scale   volcanoes   waves   shake

• Earthquakes •

- Rocks move under the ground.   ➡ The ground can _____.
- _____ erupt.

- Scientists measure earthquakes.   ➡ They use a _____.

- Earthquake _____ travel through the ground quickly.

QR 찍고 힌트 보기

Brain Power

흥미로운 미션을 풀고 코딩을 위한 **사고력**도 길러보세요!

 절차적 사고력

영단어에서 특정 알파벳이 나오는 횟수만큼 해당 알파벳 버튼을 누르는 게임을 하고자 합니다. 그림에 맞게 단어를 쓰고, 아래 빈칸을 모두 채우세요.

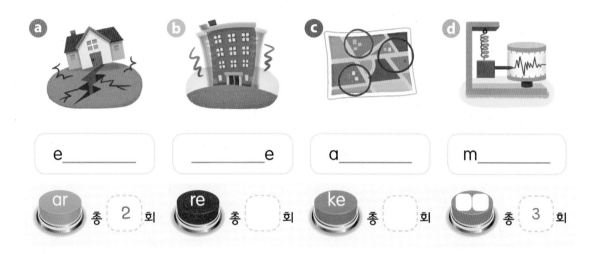

a e_____   **b** _____e   **c** a_____   **d** m_____

ar 총 2 회   re 총 __ 회   ke 총 __ 회   총 3 회

 문제 해결력

4명의 친구들이 빙고 게임을 하고 있습니다. 아래 조건과 각 문장을 참고하여 남은 칸에 스티커를 붙이고, 빙고 한 줄을 만들지 <u>못한</u> 사람을 고르세요.

조건
- A-D 중에서 옳은 것(O)만 빙고가 될 수 있습니다.
- A-D 중에서 옳지 않은 것(X)은 빙고가 될 수 없습니다.

A Rocks under the ground always stay still.
B Volcanoes erupt in some areas.
C Rocks move, and then the ground shakes.
D Earthquake waves travel through the ground.

X	O	B
X	C	A
D	X	O

Jay

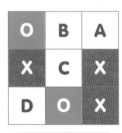

O	B	A
X	C	X
D	O	X

Sarah

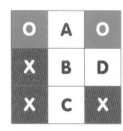

O	A	O
X	B	D
X	C	X

James

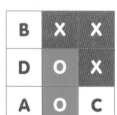

B	X	X
D	O	X
A	O	C

Lucy

UNIT 02 사회 Earthquakes around Us

Q Are there earthquakes in Korea? Yes ☐ No ☐

Main Words QR코드를 이용하여 단어를 듣고, 따라 읽으며 한 번씩 써보세요.

prepare 대비하다

prepare

safe 안전한

safe

material 재료

material

technology 기술

technology

drill (비상시를 위한) 훈련

drill

More Words QR코드를 이용하여 단어를 듣고, 따라 읽으며 한 번씩 써보세요.

ring 반지; *고리

ring

map 지도

map

cause ~을 일으키다

cause

build 짓다

build

regularly 정기적으로

regularly

78

Main **Words** 그림을 보고 빈칸에 알맞은 알파벳을 (보기)에서 골라 단어를 완성하고, 알맞은 뜻의 스티커를 붙여 보세요.

보기 s o l e p r i h a f f

1	2	3	4	5
☐ a ☐ e	d ☐ il ☐	m ☐ ter ☐ al	tec ☐ nol ☐ gy	pre ☐ ar ☐
Stick	Stick	Stick	Stick	Stick

More **Words** 각 그림에 맞는 단어와 뜻을 연결해 보세요.

map	ring	build	cause	regularly
지도	짓다	반지, 고리	정기적으로	~을 일으키다

지문을 듣고
따라 읽어보세요.

Earthquakes around Us

Do you see a round shape like a ring on the map?

Earthquakes often happen in this area.

Why?

Volcanoes often erupt here.

And this can cause earthquakes.

Pattern Check

위 글에서 아래 패턴을 찾아 □ 표시하세요.

Do you see ~?

~이 보이나요?

아래 예문을 큰 소리로 따라 읽어보세요.

Do you see the building over there?

저쪽의 건물이 보이나요?

Do you see the full moon in the sky?

하늘에 보름달이 보이나요?

Do you see some countries in this area?

Japan, the USA, and Chile are here.

These countries always prepare for earthquakes.

The countries design and build safe buildings.

They use better materials and technology.

And people regularly check the buildings.

People have earthquake drills

at school and work too.

So they are always ready for earthquakes.

꽝! 접촉 사고가 일어났어요

태평양을 둘러싼 부분에서 지진과 화산이 자주 발생해요. 이 부분을 이어보면 동그란 띠 모양이 된다고 해서 '불의 고리(Ring of Fire)'라고도 부른답니다. 지구 표면에는 퍼즐 조각처럼 여러 개의 판이 있는데 불의 고리 지역은 그 판들이 마주하는 곳에 있어요. 그래서 판 하나가 움직이면서 다른 판과 충돌하여 지진이나 화산이 발생한답니다.

Story Check

1 무엇에 관한 이야기인가요?

① materials for safe buildings   ② the shape of volcanoes

③ preparing for earthquakes

2 문장을 읽고 맞으면 O, <u>틀리면</u> X에 √ 표시하세요.

	O	X
ⓐ Earthquakes often happen in the USA and Chile.	☐	☐
ⓑ Japan designs and builds safe buildings.	☐	☐

Graphic Organizer 보기 에서 알맞은 말을 골라 빈칸을 완성하세요.

보기   happen   prepare   volcanoes   design   drills

In this area ...

- _____ often erupt.
  → Earthquakes often _____.

- Japan, the USA, and Chile are here.
  → These countries always _____ for earthquakes.
  → They _____ and build safe buildings.
  → People regularly check the buildings and have earthquake _____.

82

Brain Power

홍미로운 미션을 풀고
코딩을 위한 사고력도 길러보세요!

---

1 추상화 사고력 주어진 도형을 두 개씩 조합하여 큰 도형을 완성하세요. 그리고 찾아낸 단어와 그 뜻을 써보세요.

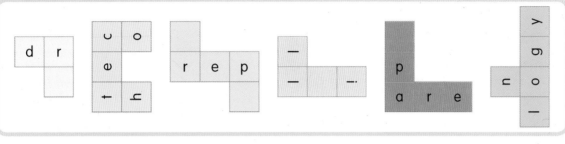

a

d	r	i
	l	l

단어: __drill__

뜻: _____

b

단어: _____

뜻: _____

c

단어: _____

뜻: _____

---

2 논리적 사고력 A~C 건물의 지진 안전 검사를 세 번 실시하여 순위와 최종 점수를 매겼습니다. 아래 조건, 점수 그리고 최종 결과를 참고하여 표의 빈칸에 건물 이름과 순위를 써보세요.

조건

1. 매회 1위는 10점, 2위는 5점, 3위는 0점을 얻습니다.
2. 전보다 순위가 오르면 10점을 추가로 얻습니다.
3. 전과 순위가 같으면 5점을 추가로 얻습니다.
4. 전보다 순위가 내려가면 5점 감점됩니다.

점수

	1회	2회	3회	최종 점수
Building [ ]	2위			40점
Building [ ]	1위		2위	20점
Building [ ]		2위		10점

최종 결과

1. Building B is safer than A right now.
2. Building C is not safer than A right now.

Q What should we do during earthquakes?

Earthquake Safety Rules

Main Words QR코드를 이용하여 단어를 듣고, 따라 읽으며 한 번씩 써보세요.

indoors 실내에서

indoors

drop 떨어뜨리다; *엎드리다

drop

take cover 피하다, 숨다

take cover

outdoors 야외에서

outdoors

shelter 대피소

shelter

More Words QR코드를 이용하여 단어를 듣고, 따라 읽으며 한 번씩 써보세요.

stay away from ~에서 떨어져 있다, 물러서다

stay away from

shelf 선반 참고 **shelves** shelf의 복수형

shelf

elevator 엘리베이터

elevator

stair 계단

stair

strap 끈; *손잡이

strap

Word Check

Main Words 선들을 따라 잇고, 각 그림에 알맞은 영어 단어를 써보세요.

More Words 각 단어들을 퍼즐에서 찾아 동그라미 치고, 단어를 나타내는 그림 스티커를 붙이세요.

1 stair

2 shelf

Stick

s	t	l	a	p	e	l	r
e	l	e	v	a	t	o	r
t	p	a	r	s	d	f	s
s	h	r	t	a	l	i	t
i	t	p	v	e	f	v	a
v	w	r	h	l	s	f	i
f	l	s	a	e	w	p	r
e	p	h	i	p	v	a	t

3 strap

Stick

4 elevator

Stick

지문을 듣고
따라 읽어보세요.

Earthquake Safety Rules

영상을 보고 읽으면
재미가 두 배!

What should we do during earthquakes?

You can follow these rules for your safety.

(Indoors)

1. Stay away from shelves and windows.

2. Drop to the ground.

3. Take cover under a strong table.

4. Hold on to the table legs.

5. Don't take the elevator. Use the stairs.

Pattern Check

위 글에서 아래 패턴을 찾아 □ 표시하세요.

Hold on to ~.

~을[를] 잡으세요.

아래 예문을 큰 소리로 따라 읽어보세요.

Hold on to my hand.

제 손을 잡으세요.

Hold on to the table.

그 탁자를 잡으세요.

(Outdoors)

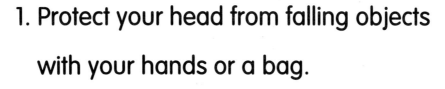

1. Protect your head from falling objects with your hands or a bag.

2. Stay away from buildings and streetlights.

3. Hold on to the straps on buses or subways.

4. Find shelter and listen to the news.

조심해! 바다 밑이 흔들리고 있어!

바다 밑에서 지진이나 화산 폭발이 일어나면 어떻게 될까요? 바로 그때 발생하는 힘이 바닷물을 들어올려 해일을 일으켜요. 지진이나 화산 폭발이 해안과 가까운 곳에서 일어날수록 파도가 더 높아지기 때문에 큰 피해를 줄 수 있어요. 그래서 평소에 바닷물의 움직임을 관찰하고, 해일이 일어나기 전에 사람들이 대피할 수 있도록 경보 시스템을 운영하고 있답니다.

1 무엇에 관한 이야기인가요?

① new safety rules on buses　　② finding safe shelter

③ safety rules for earthquakes

2 문장을 읽고 맞으면 O, 틀리면 X에 ∨ 표시하세요.

	O	X
ⓐ We should take the elevator during earthquakes.	☐	☐
ⓑ We should stay away from buildings during earthquakes.	☐	☐

Graphic Organizer 보기에서 알맞은 말을 골라 빈칸을 완성하세요.

보기　falling　　drop　　shelter　　take cover

Earthquake Safety Rules

Indoors

_____ to the ground.

_____ under a strong table.

Outdoors

Protect your head from _____ objects.

Find _____.

Brain Power

흥미로운 미션을 풀고
코딩을 위한 사고력도 길러보세요!

① **추상화 사고력** 어떤 규칙에 따라 그림 카드가 두 개씩 짝지어집니다. 힌트 와 단서 를 참고하여 규칙을 찾고, 스티커를 붙이고 영단어도 각각 써보세요.

힌트

단서 2		a 단서 5		b 단서 4	

strap   stair

Stick	Stick	Stick	Stick

② **문제 해결력** 아래 그림에서 지진이 발생했을 때 잘못된 행동을 한 사람을 모두 찾고, 올바른 행동이 무엇인지 보기 의 단어를 조합하여 문장으로 나타내세요.

보기

from	~~take~~	the straps	~~don't~~	the streetlight
on the bus	~~the elevator~~		hold on to	stay away

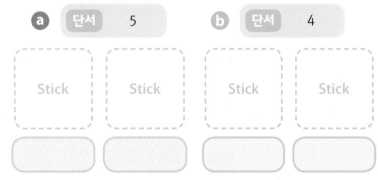

ⓐ Don't take the elevator.

ⓑ _____

ⓒ _____

Q How can technology help us during earthquakes?

Helpful Technology

Main Words QR코드를 이용하여 단어를 듣고, 따라 읽으며 한 번씩 써보세요.

government 정부

government

warning 경고

warning

message (문자) 메시지

message

satellite 인공위성

satellite

photo 사진

photo

More Words QR코드를 이용하여 단어를 듣고, 따라 읽으며 한 번씩 써보세요.

example 예시

example

send 보내다

send

land 땅

land

in detail 자세히

in detail

helpful 도움이 되는

helpful

90

Word Check

Main Words 그림을 보고 빈칸에 알맞은 알파벳을 보기 에서 골라 단어를 완성하고, 알맞은 뜻의 스티커를 붙여 보세요.

보기   r   l   t   g   o   h   a   m   s   n

1	2	3	4	5
p ☐ o ☐ o	me ☐ sa ☐ e	wa ☐ ni ☐ g	s ☐ tel ☐ ite	g ☐ vern ☐ ent
Stick	Stick	Stick	Stick	Stick

More Words 각 그림에 맞는 단어와 뜻을 연결해 보세요.

1	2	3	4	5
send	land	helpful	example	in detail
도움이 되는	보내다	자세히	땅	예시

지문을 듣고
따라 읽어보세요.

Helpful Technology

We use technology every day.

Technology even helps us during and after earthquakes!

How? Here are some examples.

Warning Messages

The government sends warning messages.

We see the messages right after an earthquake.

The messages have information about the earthquake.

They help us prepare for *aftershocks.

*aftershock 여진(지진 이후에 뒤따르는 작은 지진)

Pattern Check

위 글에서 아래 패턴을 찾아 □ 표시하세요.

They help us ~.
그(것)들은 우리가 ~하도록 도와줍니다.

아래 예문을 큰 소리로 따라 읽어보세요.

They help us live safely.
그들은 우리가 안전하게 살도록 도와줍니다.

They help us sleep well.
그것들은 우리가 잠을 잘 자도록 도와줍니다.

Satellite Photos

The government also uses satellite photos.

The photos show the land in detail.

We can see safe places in the photos.

So they help us find safe places after an earthquake.

See? Technology is very helpful!

 인공위성아, 안전을 부탁해!

스마트폰의 지도 앱을 켜면 내 위치를 확인할 수 있죠? 이렇게 스마트폰에서 내 위치를 찾아줄 수 있는 건 바로 GPS 덕분이에요. GPS는 우주에 있는 인공위성이 스마트폰의 위치를 파악해서 신호를 보내주는 시스템이에요. 이 GPS는 지진이 날 때도 유용하게 쓰이는데요. 인공위성이 땅의 흔들림을 감지해서 지구로 신호를 보내준답니다.

Story Check

1 무엇에 관한 이야기인가요?

1 messages from satellites   **2** photos of earthquakes

3 technology for earthquake safety

2 문장을 읽고 맞으면 O, <u>틀리면</u> X에 ∨ 표시하세요.

	O	X
a Warning messages have information about technology.	☐	☐
b Satellite photos show the land in detail.	☐	☐

Graphic Organizer 보기 에서 알맞은 말을 골라 빈칸을 완성하세요.

보기   warning   helpful   safe   satellite   earthquakes

Technology is _____ during and after earthquakes.

Examples

1 _____ messages have information about _____.

2 _____ photos help us find _____ places.

94

Brain Power

흥미로운 미션을 풀고
코딩을 위한 사고력도 길러보세요!

---

1 절차적 사고력

아래 힌트 와 같이 자동차가 있는 칸부터 주어진 칸만큼 이동하여 완성된 단어를 뜻과 함께 써보세요.

힌트

4칸

i	r	e	t
a	l	d	i
m	a	n	t
l	l	i	h

단어: __land__

뜻: _____

ⓐ **7칸**

l	a	n	d
	h	e	y
i	s	l	p
m	l	u	f

단어: _____

뜻: _____

ⓑ **9칸**

i	c	t	u
p	s	a	y
e		t	e
t	i	l	l

단어: _____

뜻: _____

---

2 문제 해결력

지도에 가로, 세로의 숫자만큼 칸을 색칠하면 지진의 피해를 본 지역과 안전한 지역을 알 수 있습니다. 힌트 를 참고하여 지도의 칸을 색칠하고 아래 빈칸에 알맞은 기호를 써보세요.

힌트

색칠된 칸은 위험한 지역이에요.

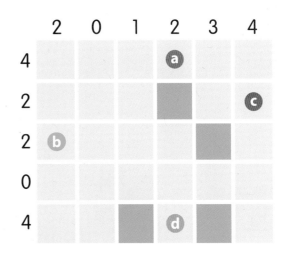

The earthquake caused damage to ⬜ and ⬜.
⬜ and ⬜ are safe after the earthquake.

Wrap UP!

Unit 01 그림을 보고 빈칸에 들어갈 알맞은 말을 보기 에서 골라 단어를 완성하세요.

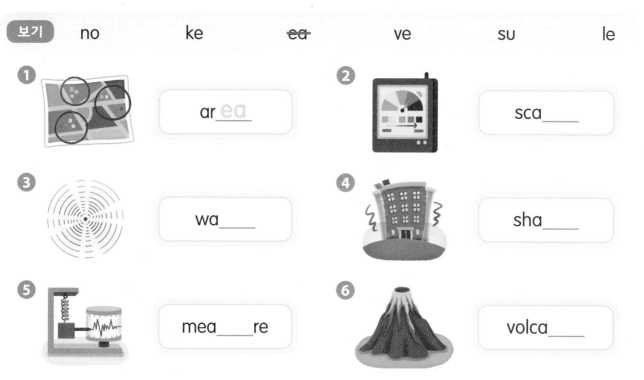

보기 no   ke   ~~ea~~   ve   su   le

① ar _ea_

② sca____

③ wa____

④ sha____

⑤ mea____re

⑥ volca____

기억이 안 난다면? 72쪽으로 이동하세요.

Unit 02 단어 조각 카드를 조합하여 그림과 뜻에 맞는 단어를 완성하세요.

mate   techno   rial   pare   larly

~~bu~~   pre   ~~ild~~   regu   logy

① build
짓다

②
기술

③
대비하다

④
정기적으로

⑤
재료

기억이 안 난다면? 78쪽으로 이동하세요.

96

Unit 03 아래 지진 안전 규칙을 읽고, 각 규칙에 해당하는 그림에 번호를 써보세요.

| ① Hold on to the straps on buses. | ② Find shelter and listen to the news. |
| ③ Don't take the elevator. | ④ Hold on to the table legs. |

기억이 안 난다면? 84쪽으로 이동하세요.

Unit 04 보기 에서 알맞은 말을 골라 각 그림을 설명하는 문장을 완성하세요.

| 보기 | safe | prepare | satellite | warning |

• We see the _____ messages right after an earthquake.

• We can _____ for aftershocks.

• The _____ photos show the land in detail.

• We can find _____ places after an earthquake.

기억이 안 난다면? 90쪽으로 이동하세요.

아래 각 도형의 총합을 보고 세모에 해당하는 숫자를 골라보세요.
(줄과 막대의 무게는 무시하세요.)

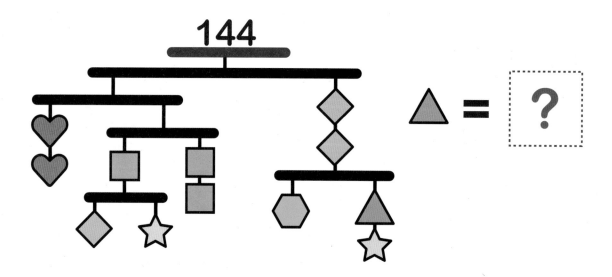

144

△ = ?

A 18

B 9

C 27

D 31

저울 위에 있는 도형들의 무게를 비교하여 물음표에 들어갈 알맞은 도형을 골라보세요.

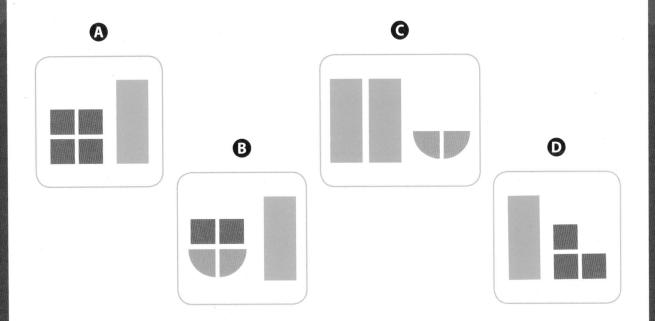

Photo Credits

지은이

NE능률 영어교육연구소

NE능률 영어교육연구소는 혁신적이며 효율적인 영어 교재를 개발하고
영어 학습의 질을 한 단계 높이고자 노력하는 NE능률의 연구 조직입니다.

초등영어 리딩이 된다 Basic 4

펴 낸 이	주민홍
펴 낸 곳	서울특별시 마포구 월드컵북로 396(상암동) 누리꿈스퀘어 비즈니스타워 10층
	㈜NE능률 (우편번호 03925)
펴 낸 날	2019년 1월 5일 초판 제1쇄
전 화	02 2014 7114
팩 스	02 3142 0356
홈 페 이 지	www.neungyule.com
등 록 번 호	제1-68호
I S B N	979-11-253-2500-0
정 가	14,000원

NE 능률

고객센터

교재 내용 문의 : contact.nebooks.co.kr (별도의 가입 절차 없이 작성 가능)

제품 구매, 교환, 불량, 반품 문의 : 02-2014-7114

☎ 전화문의는 본사 업무시간 중에만 가능합니다.

Ch1 UNIT 01 The Three Types of Honeybees

13쪽

Ch1 UNIT 02 Making Choices Together

19쪽

회장   결정   후보   민주주의

23쪽

Ch1 UNIT 03 A Bee in Music

25쪽

Ch1 UNIT 04 Strong Honeycombs

31쪽

벌집   육각형   다각형

Ch2 UNIT 01 Why We Need Light

47쪽

13쪽

Ch2 UNIT 02 We Want Sleep!

19쪽

밝은   헤드라이트   회의   해결책

Ch2 UNIT 03 Is It Day or Night?

55쪽

Ch2 UNIT 04 Which Travels Faster?

61쪽   번개   천둥   두 번째의, 초   불꽃놀이

65쪽   ★   ★   ★   ★   ♥   ♥   ♥   ♥   ▲   ▲   ▲   ▲

Ch3 UNIT 01 What Is an Earthquake?

73쪽

77쪽

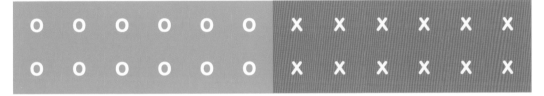

Ch3 UNIT 02 Earthquakes around Us

79쪽   대비하다   안전한   재료   기술   훈련

Ch3 UNIT 03 Earthquake Safety Rules

85쪽

89쪽

Ch3 UNIT 04 Helpful Technology

91쪽   경고   (문자) 메시지   정부   인공위성   사진

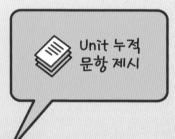

NE능률 교재 MAP

아래 교재 MAP을 참고하여 본인의 현재 혹은 목표 수준에 따라 교재를 선택하세요.
NE능률 교재들과 함께 영어실력을 쑥쑥~ 올려보세요!
MP3 등 교재 부가 학습 서비스 및 자세한 교재 정보는 www.nebooks.co.kr 에서 확인하세요.

독해

초2 이하	초3	초3-4	초4-5	초5-6
	리딩 버디 1	리딩 버디 2	리딩 버디 3	리딩이 된다 Jump 1
		리딩이 된다 Basic 1		리딩이 된다 Jump 2
		리딩이 된다 Basic 2		리딩이 된다 Jump 3
		리딩이 된다 Basic 3		리딩이 된다 Jump 4
		리딩이 된다 Basic 4		

초6-예비중	중1	중1-2	중2-3	중3
1316팬클럽 독해 1	주니어 리딩튜터 2	1316팬클럽 독해 2	1316팬클럽 독해 3	리딩튜터 입문
주니어 리딩튜터 1	Junior Reading Expert 2	주니어 리딩튜터 3	주니어 리딩튜터 4	정말 기특한 구문독해 완성
Junior Reading Expert 1	Reading Forward Basic 2	정말 기특한 구문독해 입문	정말 기특한 구문독해 기본	Reading Forward Advanced 1
Reading Forward Basic 1	열중 16강 독해+문법 1	Junior Reading Expert 3	Junior Reading Expert 4	열중 16강 독해+문법 3
	Reading Inside Starter	Reading Forward Intermediate 1	Reading Forward Intermediate 2	Reading Inside 3
		열중 16강 독해+문법 2	Reading Inside 2	
		Reading Inside 1		

중3-예비고	고1	고1-2	고2-3, 수능 실전	고3 이상, 수능 고난도
Reading Expert 1	빠바 기초세우기	빠바 구문독해	빠바 유형독해	Reading Expert 5
리딩튜터 기본	리딩튜터 실력	리딩튜터 수능 PLUS	빠바 종합실전편	능률 고급영문독해
Reading Forward Advanced 2	Reading Expert 2	Reading Expert 3	Reading Expert 4	
	RADIX TOEFL Blue Label Reading 1		RADIX TOEFL Blue Label Reading 2	
	TEPS BY STEP G+R Basic		TEPS BY STEP G+R 1	

수능 이상/ 토플 80-89 · 텝스 600-699점	수능 이상/ 토플 90-99 · 텝스 700-799점	수능 이상/ 토플 100 · 텝스 800점 이상
ADVANCED Reading Expert 1	ADVANCED Reading Expert 2	RADIX TOEFL Black Label Reading 2
TEPS BY STEP G+R 2	RADIX TOEFL Black Label Reading 1	TEPS BY STEP G+R 3

NE 능률

초등영어 리딩이 된다

Basic 4

Words 80

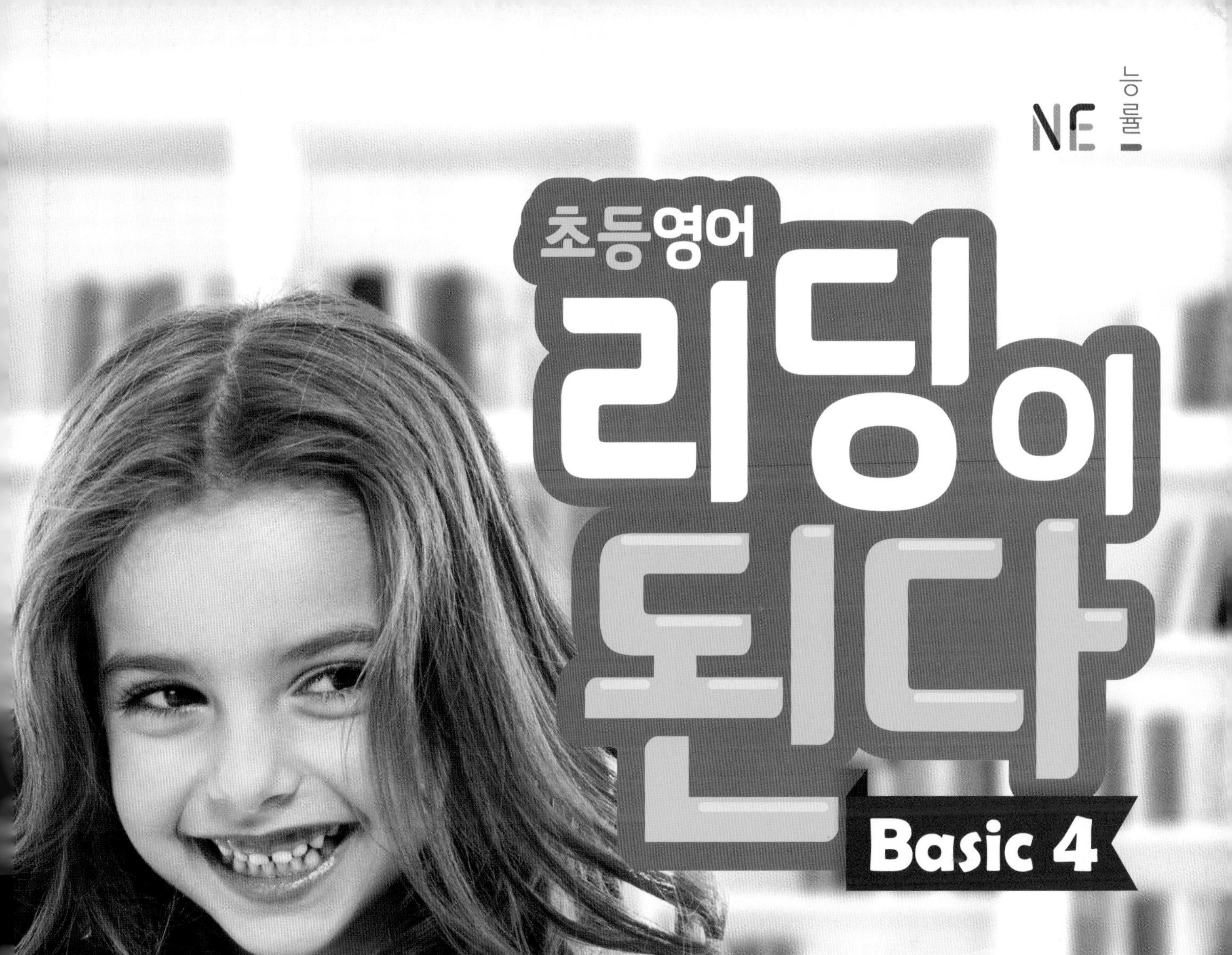

WORKBOOK · 정답 및 해설

초등영어
리딩이
된다

Basic 4

WORKBOOK

A 그림에 맞는 단어를 연결하고 한 번씩 써보세요.

honeybee

worker bee

drone

hive

queen bee

B 그림에 맞도록 빈칸에 알맞은 단어를 보기 에서 찾아 써보세요.

보기   male   honey   mate with   female   lay

_____ the queen bee
여왕벌과 짝짓다

make _____
꿀을 만들다

a _____ student
남학생

_____ eggs
알을 낳다

a _____ student
여학생

They don't ~. 그들은 ~하지 않습니다.

A 우리말 뜻에 맞게 빈칸에 알맞은 말을 넣으세요.

1 그들은 알을 낳지 않습니다.

_____ don't lay eggs.

2 그들은 일벌들처럼 일하지 않습니다.

_____ work like worker bees.

3 그들은 수프를 좋아하지 않습니다. (like, soup)

_____

B 그림을 보고 오른쪽 말풍선 빈칸에 알맞은 말을 넣어 대화해보세요.

1

Do they go to school by bus?

No, they _____ go to school by bus.

2

Do they speak English?

No, _____ _____ speak English.

A 그림에 맞는 단어를 연결하고 한 번씩 써보세요.

president

election

democracy

candidate

decision

B 그림에 맞도록 빈칸에 알맞은 단어를 보기 에서 찾아 써보세요.

보기   site   promises   call   information   choice

find a _____
장소를 찾다

a lot of _____
많은 정보

make a _____
선택하다

_____ someone
누군가를 부르다

She made some _____.
그녀는 몇 가지 공약을 했다.

> **A vote(s) for B.** A는 B에(게) 투표합니다.

A 우리말 뜻에 맞게 빈칸에 알맞은 말을 넣으세요.

1 그 벌들은 가장 좋은 장소에 투표합니다.

The bees ------------------- for the best site.

2 그 반은 가장 좋은 후보에게 투표합니다.

The class ----------------------------- the best candidate.

3 저는 Jim에게 투표합니다. (I, Jim)

B 그림을 보고 오른쪽 말풍선 빈칸에 알맞은 말을 넣어 대화해보세요.

1

What will you vote for?

 I will _____ for pizza.

2

Who will you vote for?

 I will _____ _____ Sally.

A 그림에 맞는 단어를 연결하고 한 번씩 써보세요.

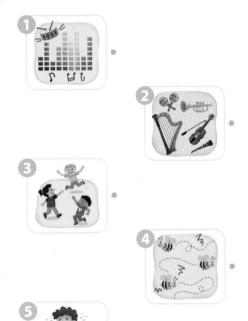

1

2

3

4

5

- tension

- buzz

- rhythm

- movement

- instrument

B 그림에 맞도록 빈칸에 알맞은 단어를 보기에서 찾아 써보세요.

보기	swan	change	scene	picture	hear

1 _____ it
그것을 바꾸다

2 in the _____
그 장면에서

3 _____ a story
이야기를 상상하다

4  a _____ on a lake
호수 위의 백조

5  _____ the sound
소리를 듣다

> ### Can you ~? 당신은 ~할 수 있나요?

A 우리말 뜻에 맞게 빈칸에 알맞은 말을 넣으세요.

❶ 당신은 윙윙거리는 벌을 상상할 수 있나요?

Can ---------------- picture a buzzing bee?

❷ 당신은 이 장면을 상상할 수 있나요?

---------------------------------- imagine this scene?

❸ 당신은 피자를 만들 수 있나요? (make, pizza)

B 그림을 보고 왼쪽 말풍선 빈칸에 알맞은 말을 넣어 대화해보세요.

Can _____ swim?

Yes, I can.

_____ _____
make popcorn?

No, I can't.
I need your help.

Ch1 UNIT 04 Strong Honeycombs

Vocabulary Test

A 그림에 맞는 단어를 연결하고 한 번씩 써보세요.

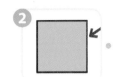

sided

polygon

honeycomb

hexagon

B 그림에 맞도록 빈칸에 알맞은 단어를 보기 에서 찾아 써보세요.

보기   fill   room   weak   stronger   store   gap

①

a small _____
작은 방

②

a _____ bee
더 강한 벌

③

_____ something
무언가를 저장하다

④

_____ the honeycomb
벌집을 채우다

⑤

the _____ between them
그것들 사이의 틈

⑥

become _____
약해지다

Chapter 1 Bees   **9**

They need to ~. 그들은 ~해야 합니다.

A 우리말 뜻에 맞게 빈칸에 알맞은 말을 넣으세요.

① 그들은 꿀을 저장해야 합니다.

They ------------------------------ store honey.

② 그들은 더 튼튼한 방들을 만들어야 합니다.

------------------------------ make stronger rooms.

③ 그들은 숙제를 해야 합니다. (do their homework)

B 그림을 보고 오른쪽 말풍선 빈칸에 알맞은 말을 넣어 대화해보세요.

①

What do they need to do?

They _____ _____ clean the room.

②

What do they need to do?

_____ _____ _____ go to bed.

A 그림에 맞는 단어를 연결하고 한 번씩 써보세요.

dark

work

reflect

light

reach

B 그림에 맞도록 빈칸에 알맞은 단어를 보기 에서 찾아 써보세요.

보기	come from	lamp	objects	without	hits

see _____
물건들을 보다

from a _____
전등으로부터

Light _____ a book.
빛이 책에 부딪힌다.

_____ a place
한 장소로부터 오다

_____ it
그것 없이

> **We can see ~.** 우리는 ~을[를] 볼 수 있습니다.

A 우리말 뜻에 맞게 빈칸에 알맞은 말을 넣으세요.

1 우리는 우리의 눈으로 그것들을 볼 수 있습니다.

We ------------------------- them with our eyes.

2 우리는 그 물건을 볼 수 있습니다.

------------------------------------- the object.

3 우리는 오늘 보름달을 볼 수 있습니다. (the full moon, today)

B 그림을 보고 오른쪽 말풍선 빈칸에 알맞은 말을 넣어 대화해보세요.

1

What can we see here?

We _____ _____ many paintings here.

2

What can we see here?

_____ _____ _____ many animals here.

A 그림에 맞는 단어를 연결하고 한 번씩 써보세요.

 solution

 bright

 meeting

 headlight

B 그림에 맞도록 빈칸에 알맞은 단어를 보기 에서 찾아 써보세요.

보기 neighbor   turn down   curtains   hang   noisy   think

① _____ sounds
시끄러운 소리들

② _____ the light
조명을 낮추다

③  _____ about it
그것에 관해 생각하다

④ _____ on the windows
창문의 커튼

⑤  He is my _____.
그는 나의 이웃이다.

⑥ _____ the painting
그림을 걸다

> **We found ~.** 우리는 ~을[를] 발견[마련]했습니다.

A 우리말 뜻에 맞게 빈칸에 알맞은 말을 넣으세요.

1 우리는 그 문제를 발견했습니다.

We ----------------- the problem.

2 우리는 몇 가지 해결책들을 마련했습니다.

----------------------------------- some solutions.

3 우리는 멋진 해변을 발견했습니다. (a nice beach)

B 그림을 보고 오른쪽 말풍선 빈칸에 알맞은 말을 넣어 대화해보세요.

1

What did you find?

We _____ some great clothes here.

2

What did you do?

_____ _____ solutions for this robot's problems.

A 그림에 맞는 단어를 연결하고 한 번씩 써보세요.

• peaceful

• nighttime

• streetlight

• daytime

• scary

B 그림에 맞도록 빈칸에 알맞은 단어를 보기 에서 찾아 써보세요.

| 보기 | normal | possible | top | strange | below |

on the _____
윗부분에

_____ fruits
평범한 과일들

There is a city _____.
아래에 도시가 있다.

Everything is _____.
모든 것이 가능하다.

_____ fruits
이상한 과일들

It looks like it is ~. ~인 것 같습니다.

A 우리말 뜻에 맞게 빈칸에 알맞은 말을 넣으세요.

① 낮인 것 같습니다.

It ----------------------------- it is daytime.

② 밤인 것 같습니다.

It ----------------------------- nighttime.

③ 바깥이 추운 것 같습니다. (cold outside)

_____

B 그림을 보고 오른쪽 말풍선 빈칸에 알맞은 말을 넣어 대화해보세요.

①

Is it raining?

No. It looks _____ _____ _____ sunny today.

②

Is it cold outside?

Today

22℃

No. It _____ _____ _____ _____ warm today.

A 그림에 맞는 단어를 연결하고 한 번씩 써보세요.

 1

 2

 3

 4

· second

· thunder

· fireworks

· lightning

B 그림에 맞도록 빈칸에 알맞은 단어를 보기 에서 찾아 써보세요.

보기   rainy   right away   flashes   slowly   far   learn

 1

_____ from here
이곳에서 먼

2

move _____
느리게 움직이다

3

Go and get it _____.
가서 그것을 바로 가져와.

 4

_____ it
그것을 배우다

 5

The headlight _____.
전조등이 번쩍인다.

 6

a _____ day
비 오는 날

Is it ~? 그것은 ~인가요[하나요]?

A 우리말 뜻에 맞게 빈칸에 알맞은 말을 넣으세요.

1 그것은 5초인가요?

----------------------- it five seconds?

2 그것은 소리보다 더 빠른가요?

----------------------------- faster than sound?

3 그것은 맛있나요? (delicious)

_____

B 그림을 보고 왼쪽 말풍선 빈칸에 알맞은 말을 넣어 대화해보세요.

1

Is _____ your book?

Yes, it is.

2

_____ _____ long?

No, it is short.

A 그림에 맞는 단어를 연결하고 한 번씩 써보세요.

shake

scale

earthquake

volcano

wave

erupt

B 그림에 맞도록 빈칸에 알맞은 단어를 보기 에서 찾아 써보세요.

| 보기 | areas | still | happened | measure |

An earthquake _____.
지진이 일어났다.

stay _____
가만히 있다

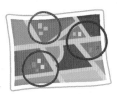

in some _____
어떤 지역에서

_____ earthquakes
지진을 측정하다

> **People can feel ~.** 사람들은 ~을[를] 느낄 수 있습니다.

A 우리말 뜻에 맞게 빈칸에 알맞은 말을 넣으세요.

1 사람들은 흔들림을 느낄 수 있습니다.

People ------------------------ the shaking.

2 사람들은 먼 곳에서 지진을 느낄 수 있습니다.

-- earthquakes far away.

3 사람들은 이 음악에서 긴장감을 느낄 수 있습니다. (**the tension, in this music**)

_____

B 그림을 보고 왼쪽 말풍선 빈칸에 알맞은 말을 넣어 대화해보세요.

1

_____ _____ feel sick on a bus.

Yes. Sometimes it moves too much.

2

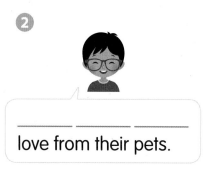

_____ _____ _____ love from their pets.

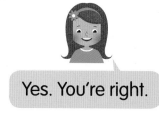

Yes. You're right.

A 그림에 맞는 단어를 연결하고 한 번씩 써보세요.

prepare

drill

technology

safe

material

B 그림에 맞도록 빈칸에 알맞은 단어를 보기 에서 찾아 써보세요.

보기 　regularly　　map　　cause　　ring　　build

① _____ a problem
문제를 일으키다

② the shape of a _____
고리 모양

③ on the _____
지도 위에

④ check _____
정기적으로 점검하다

⑤ _____ a building
건물을 짓다

Do you see ~? ~이[가] 보이나요?

A 우리말 뜻에 맞게 빈칸에 알맞은 말을 넣으세요.

1 고리처럼 둥근 모양이 보이나요?

-------------------------------- see a round shape like a ring?

2 이 지역의 몇몇 나라가 보이나요?

-------------------------------- some countries in this area?

3 저쪽의 건물이 보이나요? (the building, over there)

B 그림을 보고 왼쪽 말풍선 빈칸에 알맞은 말을 넣어 대화해보세요.

1

_____ _____ see the full moon in the sky?

Yes. It is beautiful.

2

_____ _____ _____ the flowers?

Yes. I see them on the table.

A 그림에 맞는 단어를 연결하고 한 번씩 써보세요.

· indoors

· take cover

· shelter

· outdoors

· drop

B 그림에 맞도록 빈칸에 알맞은 단어를 보기 에서 찾아 써보세요.

보기   shelf   strap   stairs   elevator   stay away from

take the _____
엘리베이터를 타다

books on the _____
선반 위의 책들

use the _____
계단을 이용하다

Hold on to the _____.
손잡이를 잡으세요.

_____ the building.
그 건물에서 물러나세요.

> ## Hold on to ~. ~을[를] 잡으세요.

A 우리말 뜻에 맞게 빈칸에 알맞은 말을 넣으세요.

1 탁자 다리를 잡으세요.

_____ on to the table legs.

2 버스나 지하철에서는 손잡이를 잡으세요.

_____ the straps on buses or subways.

3 제 손을 잡으세요. (my hand)

_____

B 그림을 보고 오른쪽 말풍선 빈칸에 알맞은 말을 넣어 대화해보세요.

1

The wind is too strong.

_____ _____ to your hat.

2

It's really dark. I'm scared.

_____ _____ _____ the lamp.

A 그림에 맞는 단어를 연결하고 한 번씩 써보세요.

warning

government

satellite

message

photo

B 그림에 맞도록 빈칸에 알맞은 단어를 보기 에서 찾아 써보세요.

| 보기 | examples | helpful | send | in detail | land |

peaceful _____
평화로운 땅

some _____
몇 가지 예시들

_____ messages
메시지를 보내다

_____ technology
도움이 되는 기술

look at it _____
그것을 자세히 보다

> **They help us ~.** 그(것)들은 우리가 ~하도록 도와줍니다.

Ⓐ 우리말 뜻에 맞게 빈칸에 알맞은 말을 넣으세요.

① 그것들은 우리가 여진에 대비하도록 도와줍니다.

_____
_____ us prepare for aftershocks.

② 그것들은 우리가 안전한 장소들을 찾도록 도와줍니다.

_____
_____ find safe places.

③ 그들은 우리가 기분이 좋아지도록 도와줍니다. (feel better)

_____
_____

Ⓑ 그림을 보고 오른쪽 말풍선 빈칸에 알맞은 말을 넣어 대화해보세요.

How do they help us?

They _____ _____
live safely.

How do they help us?

_____ _____ _____
travel quickly.

초등영어

리딩이 된다

Basic 4

STUDENT BOOK 정답 및 해설

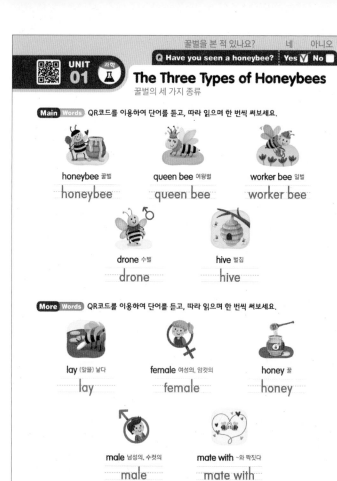

UNIT 01 과학
The Three Types of Honeybees
꿀벌의 세 가지 종류

Main Words QR코드를 이용하여 단어를 듣고, 따라 읽으며 한 번씩 써보세요.

honeybee 꿀벌
honeybee

queen bee 여왕벌
queen bee

worker bee 일벌
worker bee

drone 수벌
drone

hive 벌집
hive

More Words QR코드를 이용하여 단어를 듣고, 따라 읽으며 한 번씩 써보세요.

lay (알을) 낳다
lay

female 여성의, 암컷의
female

honey 꿀
honey

male 남성의, 수컷의
male

mate with ~와 짝짓다
mate with

12

Word Check

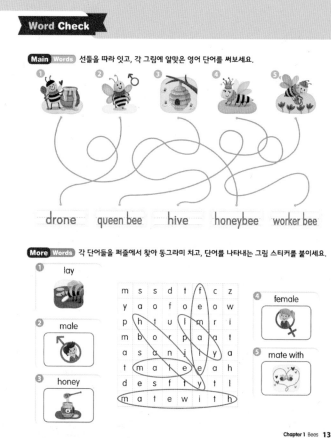

Main Words 선들을 따라 잇고, 각 그림에 알맞은 영어 단어를 써보세요.

① ② ③ ④ ⑤

drone   queen bee   hive   honeybee   worker bee

More Words 각 단어들을 퍼즐에서 찾아 동그라미 치고, 단어를 나타내는 그림 스티커를 붙이세요.

① lay
② male
③ honey
④ female
⑤ mate with

```
m s s d t f c z
y a o f o e o w
p h t u l m r i
m b o r p a a t
a s a n j t y a
t m a t e e a h
d e s f t y t l
m a t e w i t h
```

Chapter 1 Bees **13**

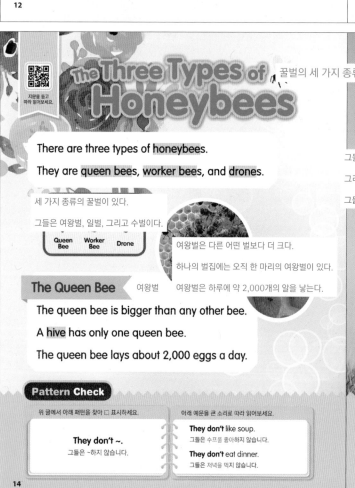

The Three Types of Honeybees
꿀벌의 세 가지 종류

There are three types of honeybees.
They are queen bees, worker bees, and drones.

세 가지 종류의 꿀벌이 있다.

그들은 여왕벌, 일벌, 그리고 수벌이다.

Queen Bee   Worker Bee   Drone

여왕벌은 다른 어떤 벌보다 더 크다.

하나의 벌집에는 오직 한 마리의 여왕벌이 있다.

The Queen Bee   여왕벌   여왕벌은 하루에 약 2,000개의 알을 낳는다.

The queen bee is bigger than any other bee.
A hive has only one queen bee.
The queen bee lays about 2,000 eggs a day.

Pattern Check

위 글에서 아래 패턴을 찾아 ☐ 표시하세요.

They don't ~.
그들은 ~하지 않습니다.

아래 예문을 큰 소리로 따라 읽어보세요.

They don't like soup.
그들은 수프를 좋아하지 않습니다.

They don't eat dinner.
그들은 저녁을 먹지 않습니다.

14

Worker Bees   일벌

Worker bees are female bees.   일벌은 암컷 벌이다.
But they don't lay eggs.   그러나 그들은 알을 낳지 않는다.

그들은 꽃에서 음식을 모은다.   They collect food from flowers.
그리고 꿀을 만든다.   And they make honey.
그들은 또한 벌집을 만들고 청소한다.   They also make and clean the hive.

Drones   수벌

Drones are male bees.   수벌은 수컷 벌이다.
They mate with the queen bee.   그들은 여왕벌과 짝짓기를 한다.
They don't work like worker bees.   그들은 일벌처럼 일하지 않는다.

🐝 **우리의 식량은 꿀벌이 책임진다!**
꿀벌은 꽃에서 꿀을 따고 다니면서 꽃가루를 이 꽃 저 꽃으로 옮겨요. 이러한 과정을 '수분'이라고 해요. 수분이 일어나면 꽃이 피고 농작물에 열매가 맺혀요. 실제로 꿀벌은 100가지가 넘는 작물의 수분을 도와줘요. 심지어 우리에게 꼭 필요한 목화와 커피에도 수분을 일으킨대요! 만약 꿀벌이 없다면 우리가 먹을 수 있는 음식도 줄어들지 않을까요?

Chapter 1 Bees **15**

1 무엇에 관한 이야기인가요?

1 types of honeybees
  꿀벌의 종류
3 making honey from flowers
  꽃에서 꿀을 만들기
2 bee eggs in a hive
  벌집의 벌 알

2 문장을 읽고 맞으면 O, 틀리면 X에 ∨ 표시하세요.

	O	X
a There is only one queen bee in a hive. 벌집에는 오직 한 마리의 여왕벌이 있다.	✓	
b Drones mate with worker bees. 수벌들은 일벌들과 짝짓기한다.		✓

Graphic Organizer 보기에서 알맞은 말을 골라 빈칸을 완성하세요.

보기   food   mate with   hive   lays

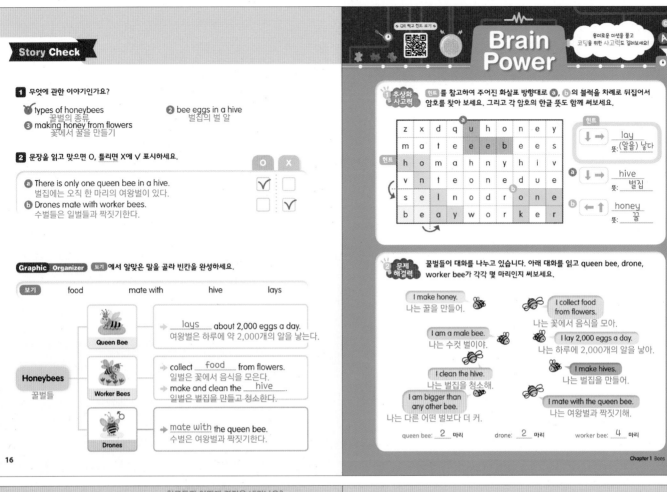

Honeybees
꿀벌들

Queen Bee → __lays__ about 2,000 eggs a day.
여왕벌은 하루에 약 2,000개의 알을 낳는다.

Worker Bees → collect __food__ from flowers.
일벌은 꽃에서 음식을 모은다.
→ make and clean the __hive__
일벌은 벌집을 만들고 청소한다.

Drones → __mate with__ the queen bee.
수벌은 여왕벌과 짝짓기한다.

16

흥미로운 미션을 풀고
코딩을 위한 사고력도 길러보세요!

1 추상화 사고력 힌트를 참고하여 주어진 화살표 방향대로 ⓐ, ⓑ의 블럭을 차례로 뒤집어서 암호를 찾아 보세요. 그리고 각 암호의 한글 뜻도 함께 써보세요.

z	x	d	q	u	h	o	n	e	y
m	a	t	e	e	e	b	e	e	s
h	o	m	a	h	n	y	h	i	v
v	n	t	e	o	n	e	d	u	e
s	e	l	n	o	d	r	o	n	e
b	e	a	y	w	o	r	k	e	r

힌트
↓ → __lay__
뜻: (알을) 낳다

ⓐ ↓ → __hive__
뜻: 벌집

ⓑ ← ↑ __honey__
뜻: 꿀

2 문제 해결력 꿀벌들이 대화를 나누고 있습니다. 아래 대화를 읽고 queen bee, drone, worker bee가 각각 몇 마리인지 써보세요.

I make honey.
나는 꿀을 만들어.

I collect food from flowers.
나는 꽃에서 음식을 모아.

I am a male bee.
나는 수컷 벌이야.

I lay 2,000 eggs a day.
나는 하루에 2,000개의 알을 낳아.

I clean the hive.
나는 벌집을 청소해.

I make hives.
나는 벌집을 만들어.

I am bigger than any other bee.
나는 다른 어떤 벌보다 더 커.

I mate with the queen bee.
나는 여왕벌과 짝짓기해.

queen bee: __2__ 마리   drone: __2__ 마리   worker bee: __4__ 마리

친구들과 어떻게 결정을 내리나요?

Q How do you make decisions with your friends?

UNIT 02 사회

Making Choices Together
함께 선택하기

Main Words QR코드를 이용하여 단어를 듣고, 따라 읽으며 한 번씩 써보세요.

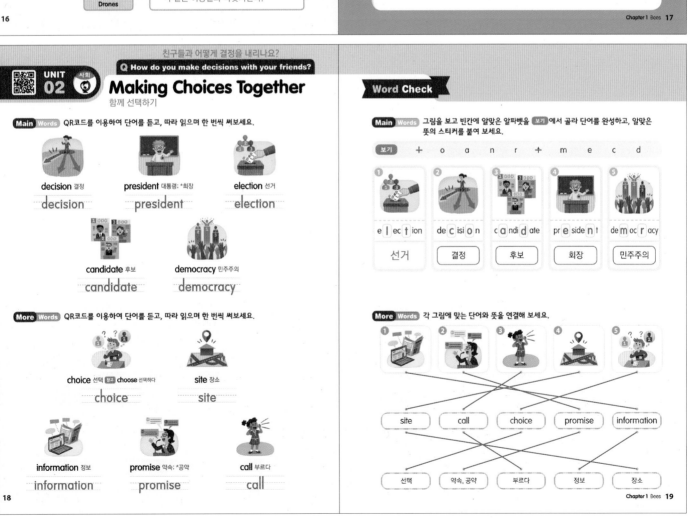

decision 결정
__decision__

president 대통령; *회장
__president__

election 선거
__election__

candidate 후보
__candidate__

democracy 민주주의
__democracy__

More Words QR코드를 이용하여 단어를 듣고, 따라 읽으며 한 번씩 써보세요.

choice 선택 참고 choose 선택하다
__choice__

site 장소
__site__

information 정보
__information__

promise 약속; *공약
__promise__

call 부르다
__call__

18

Main Words 그림을 보고 빈칸에 알맞은 알파벳을 보기에서 골라 단어를 완성하고, 알맞은 뜻의 스티커를 붙여 보세요.

보기   t   o   a   n   r   t   m   e   c   d

① e l __e__ c t i o n
선거

② de __c__ i s i o n
결정

③ c a n d i d __a__ te
후보

④ pr e s i d e __n__ t
회장

⑤ de m o c r __a__ cy
민주주의

More Words 각 그림에 맞는 단어와 뜻을 연결해 보세요.

① ② ③ ④ ⑤

site   call   choice   promise   information

선택   약속, 공약   부르다   정보   장소

Making Choices Together 함께 선택하기

How do bees choose a site for their hive?
The bees make the **decision** together.
벌들은 그들의 벌집을 위한 장소를 어떻게 선택할까?

벌들은 함께 결정을 내린다.

Some of the bees find sites.
They come back and dance around the other bees.
The dances have information about the sites.
The other bees vote for the best site.

몇몇 벌들이 장소들을 찾는다.

그들은 돌아와서 다른 벌들 주위에서 춤을 춘다.

그 춤은 장소에 대한 정보를 가지고 있다.

다른 벌들은 가장 좋은 장소에 투표한다.

문을 큰 소리로 따라 읽어보세요.

A vote(s) for B.
A는 B에(게) 투표합니다.

I vote for Jim.
저는 Jim에게 투표합니다.

The class **votes for** candidates.
그 반은 후보들에게 투표합니다.

Then how do we choose our class president?
We have an **election**. 그러면 우리는 어떻게 학급 회장을 선택할까?

우리는 선거를 한다.

Candidates make some promises to the class.
And the class votes for the best candidate.
Just like bees!
후보들이 학급에 몇 가지 공약을 한다.

그리고 학급은 가장 좋은 후보에 투표한다.

We call this "democracy."
벌들처럼!

우리는 이것을 "민주주의"라고 부른다.

🐝 **윙윙~ 벌들도 투표해요**
더 많은 사람이 원하는 것으로 결정하는 '다수결 원칙'은 오늘날 민주주의의 기본 원칙이에요. 그런데 벌들도 민주주의 원칙을 따른다는 사실을 알고 있나요? 몇몇 정찰 벌들이 새집을 지을 꽃밭을 찾기 위해 장소를 물색하고, 동료 벌들은 그중 가장 좋은 장소를 선택해 결정한대요. 벌들도 사람 못지않게 효율적인 의사 결정을 하는 것 같죠?

20

Chapter 1 Bees 21

Story Check

1 무엇에 관한 이야기인가요?

① choosing the best site
가장 좋은 장소 선택하기
② a class election
학급 선거
③ making decisions together
함께 결정 내리기

2 문장을 읽고 맞으면 O, 틀리면 X에 ∨ 표시하세요.

	O	X
ⓐ The bee dances have information about the sites. 벌춤은 장소에 대한 정보를 가지고 있다.	✓	
ⓑ Students have an election and choose a class president. 학생들은 선거를 하고, 학급 회장을 선택한다.	✓	

Graphic Organizer 보기에서 알맞은 말을 골라 빈칸을 완성하세요.

보기 promises   dance   vote for   election   sites

Democracy
민주주의

· Some of the bees find ___sites___ for their hive.
몇몇 벌들이 벌집을 위한 장소를 찾는다.
· They come back and ___dance___
그들은 돌아와서 춤을 춘다.
· The other bees vote for the best site.
다른 벌들이 가장 좋은 장소에 투표한다.

· We have an ___election___.
우리는 선거를 한다.
· Candidates make some ___promises___
후보들은 공약을 한다.
· We ___vote for___ the best candidate.
우리는 가장 좋은 후보에 투표한다.

22

QR 찍고 힌트 보기

Brain Power

흥미로운 미션을 풀고 코딩을 위한 사고력도 길러보세요!

1 문제 해결력 아래 각 영단어의 뜻을 특정 규칙대로 나열해야 자물쇠를 열 수 있습니다. **단서**를 참고하여 각 단어를 나타내는 숫자를 알아내고, 숫자가 큰 순서부터 영단어의 뜻을 나열하세요.

단서
QWERTY
ASDFG

information	4	election	3
choice	1	candidate	6

 후보 〉 정보 〉 선거 〉 선택

2 논리적 사고력 아래 각 구슬에는 벌들이 새로운 집터를 고르는 과정이 쓰여있습니다. 집터를 고르는 순서에 맞게, 준호가 구슬을 따라 도착지에 갈 수 있도록 빈칸에 알맞은 화살표 스티커를 붙여보세요.

벌들이 새로운 집터를 고르는 과정

 The bees come back.
그 벌들이 돌아온다.

 Some of the bees find sites.
몇몇 벌들이 장소를 찾는다.

The other bees vote for the best site.
다른 벌들이 가장 좋은 장소에 투표한다.

The bees dance around the other bees.
그 벌들이 다른 벌들 주위에서 춤을 춘다.

도착   준호

Chapter 1 Bees 23

30

UNIT 03 음악 A Bee in Music 음악 속의 벌

Main Words QR코드를 이용하여 단어를 듣고, 따라 읽으며 한 번씩 써보세요.

rhythm 리듬
rhythm

buzz (벌이) 윙윙거리다
buzz

instrument 악기
instrument

movement 움직임
movement

tension 긴장감
tension

More Words QR코드를 이용하여 단어를 듣고, 따라 읽으며 한 번씩 써보세요.

hear 듣다
hear

picture 그림; *~을 상상하다
picture

swan 백조
swan

change 바꾸다
change

scene 장면
scene

24

Word Check

Main Words 선들을 따라 잇고, 각 그림에 알맞은 영어 단어를 써보세요.

① ② ③ ④ ⑤

rhythm   tension   movement   instrument   buzz

More Words 각 단어들을 퍼즐에서 찾아 동그라미 치고, 단어를 나타내는 그림 스티커를 붙이세요.

① hear
② swan
③ change
④ scene
⑤ picture

c	s	s	d	t	f	d	c
v	o	p	o	f	o	e	h	h
p	h	i	u	l	m	e	a	n
k	b	s	c	e	n	e	n	g
p	s	a	n	t	l	z	g
b	m	w	l	e	u	e	e
d	h	e	a	r	y	n	l
p	j	w	f	n	r	y	e

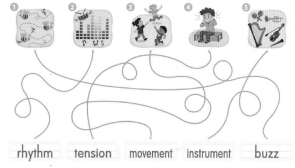

A Bee in Music
음악 속의 벌

음악 〈왕벌의 비행〉을 들어봐.

너는 빠른 리듬을 들을 수 있니?

그리고 윙윙거리는 벌을 상상할 수 있니?

Listen to the song *Flight of the Bumblebee.
Can you hear the fast rhythm?
And can you picture a buzzing bee?

*Flight of the Bumblebee 왕벌의 비행

Instruments make the fast rhythm.
The rhythm shows the movement of the bumblebee.
We can feel tension in this music.

악기들이 빠른 리듬을 만들어내.

그 리듬은 왕벌의 움직임을 보여줘.

This song is from an opera.

우리는 이 음악에서 긴장감을 느낄 수 있어.

In the opera, a swan changes a man into a bumblebee.
As the bumblebee flies, the rhythm gets faster.

이 음악은 오페라 음악이야.

오페라에서 백조가 한 남자를 왕벌로 바꿔.

왕벌이 날면서 리듬이 더욱 빨라져.

Can you imagine this scene?

너는 이 장면을 상상할 수 있니?

Pattern Check

위 글에서 아래 패턴을 찾아 □ 표시하세요.

Can you ~?
당신은 ~할 수 있나요?

아래 예문을 큰 소리로 따라 읽어보세요.

Can you swim?
당신은 수영할 수 있나요?

Can you make pizza?
당신은 피자를 만들 수 있나요?

🎵 **마법에 걸린 왕자 이야기**
〈왕벌의 비행〉은 러시아의 작곡가 림스키 코르사코프가 작곡한 오페라 〈술탄 황제 이야기〉에 등장하는 곡이에요. 오페라에서 한 왕자가 벌떼들에게 공격받는 백조를 구해주고, 고마운 백조가 왕자를 왕벌로 변신시켜요. 왕벌이 된 왕자가 멀리 떨어져 있는 아버지를 보기 위해 날아가는 장면에서 바로 이 〈왕벌의 비행〉이 등장한답니다.

26

Story Check

1 무엇에 관한 이야기인가요?

- **1** a song about a bee
  벌에 대한 노래
- **2** different instruments
  다른 악기들
- **3** the movement of a swan
  백조의 움직임

2 문장을 읽고 맞으면 O, 틀리면 X에 ∨ 표시하세요.

	O	X
a *Flight of the Bumblebee* is a song from an opera. 〈왕벌의 비행〉은 오페라에서 온 노래이다.	✓	
b In the opera, a swan changes a bumblebee into a man. 오페라에서 백조는 왕벌을 남자로 바꾼다.		✓

Graphic Organizer 보기에서 알맞은 말을 골라 빈칸을 완성하세요.

보기 | flies | movement | instruments | faster

Flight of the Bumblebee
왕벌의 비행

- Instruments make the fast rhythm.
  악기는 빠른 리듬을 만든다.
- The rhythm shows the movement of the bumblebee.
  리듬은 왕벌의 움직임을 보여준다.

In the opera
오페라에서

- The bumblebee flies.
  왕벌은 난다.
- The rhythm gets faster.
  리듬이 더욱 빨라진다.

28

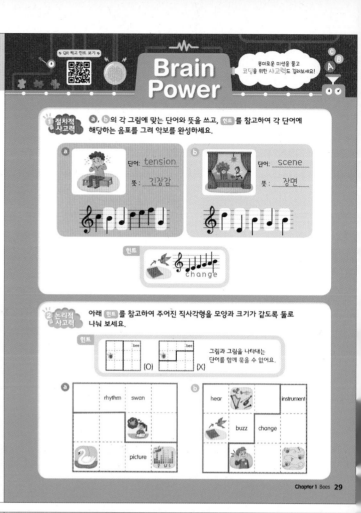

Brain Power

꿀미로운 미션을 풀고 코딩을 위한 사고력도 길러보세요!

1 절차적 사고력 ⓐ, ⓑ의 각 그림에 맞는 단어와 뜻을 쓰고, 힌트를 참고하여 각 단어에 해당하는 음표를 그려 악보를 완성하세요.

ⓐ 단어: tension
뜻: 긴장감

ⓑ 단어: scene
뜻: 장면

힌트 change

2 논리적 사고력 아래 힌트를 참고하여 주어진 직사각형을 모양과 크기가 같도록 둘로 나눠 보세요.

힌트 bee (O) / bee (X)
그림과 그림을 나타내는 단어를 함께 묶을 수 있어요.

ⓐ rhythm / swan / picture
ⓑ hear / instrument / buzz / change

Chapter 1 Bees **29**

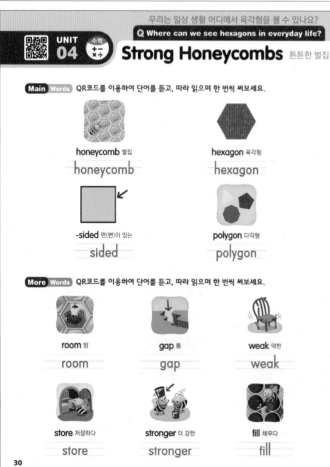

우리는 일상 생활 어디에서 육각형을 볼 수 있나요?

Q Where can we see hexagons in everyday life?

UNIT 04 (수학)

Strong Honeycombs 튼튼한 벌집

Main Words QR코드를 이용하여 단어를 듣고, 따라 읽으며 한 번씩 써보세요.

honeycomb 벌집
honeycomb

hexagon 육각형
hexagon

-sided 면(변)이 있는
sided

polygon 다각형
polygon

More Words QR코드를 이용하여 단어를 듣고, 따라 읽으며 한 번씩 써보세요.

room 방
room

gap 틈
gap

weak 약한
weak

store 저장하다
store

stronger 더 강한
stronger

fill 채우다
fill

30

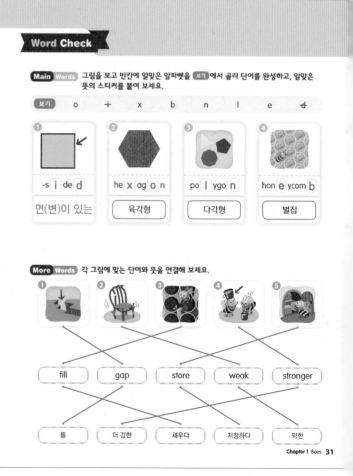

Word Check

Main Words 그림을 보고 빈칸에 알맞은 알파벳 보기에서 골라 단어를 완성하고, 알맞은 뜻의 스티커를 붙여 보세요.

보기 | o | ÷ | x | b | n | l | e | ＋

① -s i de d
면(변)이 있는

② he x ag o n
육각형

③ po l ygo n
다각형

④ hon e ycom b
벌집

More Words 각 그림에 맞는 단어와 뜻을 연결해 보세요.

fill | gap | store | weak | stronger

틈 | 더 강한 | 채우다 | 저장하다 | 약한

Chapter 1 Bees **31**

32

Hexagons in a Honeycomb
벌집 안의 육각형

We get honey from honeycombs. 우리는 벌집들로부터 꿀을 얻는다.

A honeycomb has many rooms. 벌집에는 많은 방들이 있다.

The rooms are hexagons. 그 방들은 육각형이다.

A hexagon is a six-sided polygon. 육각형은 6개의 면이 있는 다각형이다.

Why do bees use hexagons?
왜 벌들은 육각형을 사용할까?

Pattern Check

위 글에서 아래 패턴을 찾아 □ 표시하세요.

They need to ~.
그들은 ~해야 합니다.

아래 예문을 큰 소리로 따라 읽어보세요.

They need to do their homework.
그들은 숙제를 해야 합니다.

They need to clean the room.
그들은 방을 청소해야 합니다.

32

At first, bees make circles. 처음에 벌들은 원을 만든다.

But there are gaps between the circles. 하지만 원들 사이에는 틈이 있다

The honeycomb can become weak. 벌집이 약해질 수 있다.

They need to store a lot of honey.

So they need to make stronger rooms.

Bees fill the gaps between the circles.

Later the circles become hexagons.

Hexagons make a strong honeycomb for bees!

그들은 많은 꿀을 저장해야 한다.

그래서 그들은 더 강한 방을 만들어야 한다.

벌들은 원들 사이의 틈을 채운다.

나중에 그 원들은 육각형이 된다.

육각형은 벌들에게 강한 벌집이 된다!

아하! 육각형에 이런 비밀이?
튼튼한 건물을 지을 때 건물의 뼈대인 철근을 벌집과 같은 육각형으로 정밀하게 엮어 만들어요. 육각형은 빈틈없이 서로 붙어 있어서 안정적이기 때문이에요. 물론 삼각형이나 사각형을 붙여도 그 사이에 빈틈은 없지만 육각형보다 크기가 작아서 더 많은 재료가 필요해요. 또 삼각형과 사각형은 외부의 충격을 분산시키지 못해서 쉽게 찌그러질 수 있다고 해요.

Story Check

1 무엇에 관한 이야기인가요?

① many polygons around us
우리 주변의 많은 다각형들

② a shape in honeycombs
벌집의 모양

③ honey from honeycombs
벌집에서의 꿀

2 문장을 읽고 맞으면 O, 틀리면 X에 ∨ 표시하세요.

	O	X
ⓐ A hexagon is a six-sided polygon. 육각형은 6개의 변이 있는 다각형이다.	✓	
ⓑ Circles make a strong honeycomb for bees. 원은 벌들에게 강한 벌집이 된다.		✓

Graphic Organizer 보기 에서 알맞은 말을 골라 빈칸을 완성하세요.

보기 gaps   fill   strong   circles   hexagons

Rooms in a Honeycomb
벌집의 방

At First 처음에

- Bees make circles .
벌들은 원을 만든다
- There are gaps between the circles.
원들 사이에는 틈이 있다.

Later 나중에

- The circles become hexagons.
원들이 육각형이 된다.
- Hexagons make a strong honeycomb.
육각형은 강한 벌집을 만든다.

Bees fill the gaps.
벌들이 틈을 채운다.

34

Brain Power
흥미로운 미션을 풀고
코딩을 위한 사고력도 길러보세요!

QR 찍고 힌트 보기

1 절차적 사고력 어떤 규칙에 따라 도형과 단어가 변하고 있습니다. 단서 를 참고하여 빈칸에 들어갈 도형을 그리고, 완성된 단어와 그 뜻을 써보세요.

단서
omro ➡ mroo ➡ room
뜻: 방

ⓐ resto ➡ estor ➡ store
뜻: 저장하다

ⓑ mbhoneyco ➡ bhoneycom ➡ honeycomb
뜻: 벌집

2 문제 해결력 벌들이 집을 만들고 있습니다. 아래 벌의 능력치를 읽고 벌집의 빈칸에 알맞은 숫자를 넣어보세요.

벌의 능력치

One bee can make one room in 30 minutes.
한 마리의 벌은 30분에 방 한 개를 만들 수 있다.

ⓐ 1 bee   3 hours   6 rooms

ⓑ 10 bees   2 hours   40 rooms

ⓒ 20 bees   5 hours   200 rooms

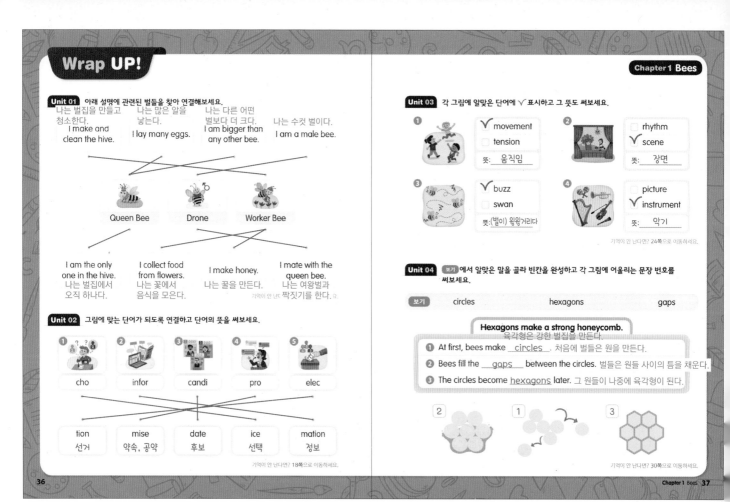

Wrap UP!

Unit 01 아래 설명에 관련된 벌들을 찾아 연결해보세요.

나는 벌집을 만들고 청소한다.
I make and clean the hive.

나는 많은 알을 낳는다.
I lay many eggs.

나는 다른 어떤 벌보다 더 크다.
I am bigger than any other bee.

나는 수컷 벌이다.
I am a male bee.

Queen Bee   Drone   Worker Bee

I am the only one in the hive.
나는 벌집에서 오직 하나다.

I collect food from flowers.
나는 꽃에서 음식을 모은다.

I make honey.
나는 꿀을 만든다.

I mate with the queen bee.
나는 여왕벌과 짝짓기를 한다.

기억이 안 난다면? 12쪽으로 이동하세요.

Unit 02 그림에 맞는 단어가 되도록 연결하고 단어의 뜻을 써보세요.

① cho   ② infor   ③ candi   ④ pro   ⑤ elec

tion 선거   mise 약속, 공약   date 후보   ice 선택   mation 정보

기억이 안 난다면? 18쪽으로 이동하세요.

Unit 03 각 그림에 알맞은 단어에 ✔표시하고 그 뜻도 써보세요.

① ✔ movement
☐ tension
뜻: 움직임

② ☐ rhythm
✔ scene
뜻: 장면

③ ✔ buzz
☐ swan
뜻: (벌이) 윙윙거리다

④ ☐ picture
✔ instrument
뜻: 악기

기억이 안 난다면? 24쪽으로 이동하세요.

Unit 04 보기 에서 알맞은 말을 골라 빈칸을 완성하고 각 그림에 어울리는 문장 번호를 써보세요.

보기   circles   hexagons   gaps

Hexagons make a strong honeycomb.
육각형은 강한 벌집을 만든다.

① At first, bees make ___circles___ . 처음에 벌들은 원을 만든다.

② Bees fill the ___gaps___ between the circles. 벌들은 원들 사이의 틈을 채운다.

③ The circles become ___hexagons___ later. 그 원들이 나중에 육각형이 된다.

2   1   3

기억이 안 난다면? 30쪽으로 이동하세요.

36   37   Chapter 1 Bees

쉬어가기 아래의 작은 도형들을 그려 넣어 큰 도형을 모두 채워보세요.

아래 큰 도형을 완성할 수 있는 작은 도형들의 조합을 골라 보세요.

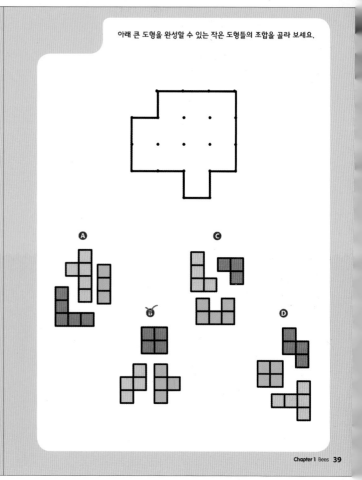

Ⓐ   Ⓑ   Ⓒ   Ⓓ

38   39   Chapter 1 Bees

34

UNIT 01 과학

Why We Need Light
왜 우리는 빛이 필요할까

Main Words QR코드를 이용하여 단어를 듣고, 따라 읽으며 한 번씩 써보세요.

dark 어둠, 어두운
dark

light 빛
light

work 일하다; *작동하다
work

reflect 반사하다
reflect

reach 도달하다
reach

More Words QR코드를 이용하여 단어를 듣고, 따라 읽으며 한 번씩 써보세요.

object 물건
object

without ~ 없이
without

hit 때리다; *부딪히다
hit

come from ~로부터 오다
come from

lamp 전등
lamp

42

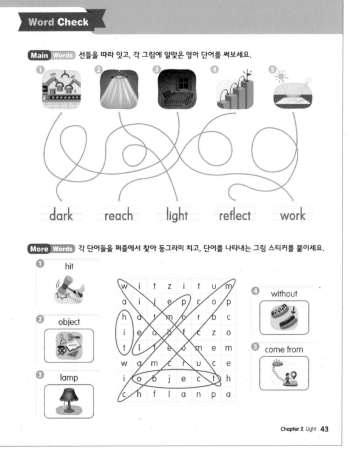

Word Check

Main Words 선들을 따라 잇고, 각 그림에 알맞은 영어 단어를 쓰세요.

① ② ③ ④ ⑤

dark　reach　light　reflect　work

More Words 각 단어들을 퍼즐에서 찾아 동그라미 치고, 단어를 나타내는 그림 스티커를 붙이세요.

① hit
② object
③ lamp
④ without
⑤ come from

```
w i t z i t u m
a i j e p c o p
h a t m o r b c
i t l e a h f c z o
w a m c r u c e
i o b j e c t h
c h f l a n p a
```

Chapter 2 Light 43

Why We Need Light
왜 우리는 빛이 필요할까

우리는 어떻게 주변의 물건을 볼 수 있을까?
우리는 그것들을 우리의 눈으로 볼 수 있다.

How can we see objects around us?
We can see them with our eyes.

But we can't see in the dark.
We can't see without light.

하지만 우리는 어둠 속에서는 볼 수 없다.
우리는 빛이 없으면 볼 수 없다.

Pattern Check

위 글에서 아래 패턴을 찾아 □ 표시하세요.

We can see ~.
우리는 ~을[를] 볼 수 있습니다.

아래 예문을 큰 소리로 따라 읽어보세요.

We can see the full moon today.
우리는 오늘 보름달을 볼 수 있습니다.

We can see many paintings here.
우리는 이곳에서 많은 그림을 볼 수 있습니다.

44

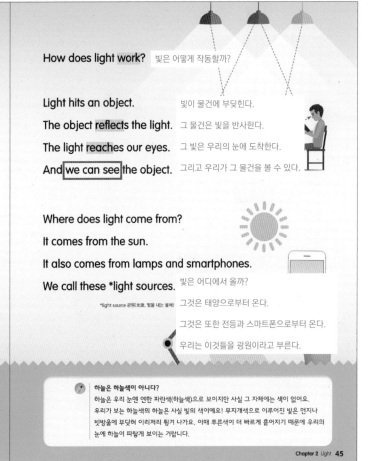

How does light work? 빛은 어떻게 작동할까?

Light hits an object. 빛이 물건에 부딪힌다.
The object reflects the light. 그 물건은 빛을 반사한다.
The light reaches our eyes. 그 빛은 우리의 눈에 도착한다.
And we can see the object. 그리고 우리가 그 물건을 볼 수 있다.

Where does light come from?
It comes from the sun.
It also comes from lamps and smartphones.
We call these *light sources.

*light source 광원(光源, 빛을 내는 물체)

빛은 어디에서 올까?
그것은 태양으로부터 온다.
그것은 또한 전등과 스마트폰으로부터 온다.
우리는 이것들을 광원이라고 부른다.

💡 **하늘은 하늘색이 아니다?**
하늘은 우리 눈에 연한 파란색(하늘색)으로 보이지만 사실 그 자체에는 색이 없어요. 우리가 보는 하늘색의 하늘은 사실 빛의 색이에요! 무지개색으로 이루어진 빛은 먼지나 빗방울에 부딪혀 이리저리 튕겨 나가요. 이때 푸른색이 더 빠르게 흩어지기 때문에 우리의 눈에 하늘이 파랗게 보이는 거랍니다.

Chapter 2 Light 45

35

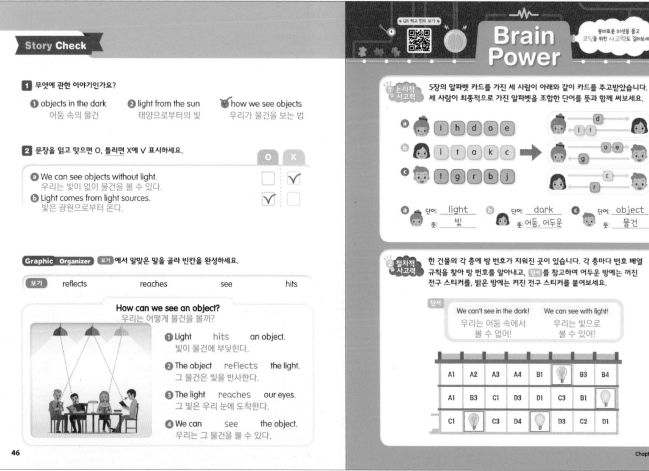

Story Check (page 46)

1 무엇에 관한 이야기인가요?
- **①** objects in the dark
  어둠 속의 물건
- **②** light from the sun
  태양으로부터의 빛
- **③** how we see objects ☑
  우리가 물건을 보는 법

2 문장을 읽고 맞으면 O, 틀리면 X에 ∨ 표시하세요.

	O	X
ⓐ We can see objects without light. 우리는 빛이 없이 물건을 볼 수 있다.		✓
ⓑ Light comes from light sources. 빛은 광원으로부터 온다.	✓	

Graphic Organizer 보기 에서 알맞은 말을 골라 빈칸을 완성하세요.

보기 reflects   reaches   see   hits

How can we see an object?
우리는 어떻게 물건을 볼까?

- **①** Light ___hits___ an object.
  빛이 물건에 부딪힌다.
- **②** The object ___reflects___ the light.
  그 물건은 빛을 반사한다.
- **③** The light ___reaches___ our eyes.
  그 빛은 우리 눈에 도착한다.
- **④** We can ___see___ the object.
  우리는 그 물건을 볼 수 있다.

46

Brain Power (page 47)

◆ QR 찍고 힌트 보기 ◆

흥미로운 미션을 풀고
코딩을 위한 사고력도 길러보세요!

① 논리적 사고력 5장의 알파벳 카드를 가진 세 사람이 아래와 같이 카드를 주고받았습니다. 세 사람이 최종적으로 가진 알파벳을 조합한 단어를 뜻과 함께 써보세요.

- ⓐ i h d o e
- ⓑ l t a k c
- ⓒ t g r b j

- ⓐ 단어: light   뜻: 빛
- ⓑ 단어: dark   뜻: 어둠, 어두운
- ⓒ 단어: object   뜻: 물건

② 절차적 사고력 한 건물의 각 층에 방 번호가 지워진 곳이 있습니다. 각 층마다 번호 배열 규칙을 찾아 방 번호를 알아내고, 단서 를 참고하여 어두운 방에는 꺼진 전구 스티커를, 밝은 방에는 켜진 전구 스티커를 붙여보세요.

단서

We can't see in the dark! 우리는 어둠 속에서 볼 수 없어!	We can see with light! 우리는 빛으로 볼 수 있어!

A1	A2	A3	A4	B1	💡	B3	B4
A1	B3	C1	D3	D1	C3	B1	🎈
C1	💡	C3	D4	🎈	D3	C2	D1

Chapter 2 Light **47**

UNIT 02 사회 (page 48)

밤에 잠을 잘 자나요?   네   아니오
Q Do you sleep well at night?   Yes ☑ No ☐

We Want Sleep! 우리는 잠을 원해!

Main Words QR코드를 이용하여 단어를 듣고, 따라 읽으며 한 번씩 써보세요.

- **bright** 밝은
  bright
- **headlight** 헤드라이트, 전조등
  headlight
- **meeting** 회의
  meeting
- **solution** 해결책
  solution

More Words QR코드를 이용하여 단어를 듣고, 따라 읽으며 한 번씩 써보세요.

- **noisy** 시끄러운
  noisy
- **think** 생각하다 / **thought** think의 과거형
  think
- **neighbor** 이웃
  neighbor
- **turn down** (조명을) 낮추다
  turn down
- **hang** 걸다, 달다
  hang
- **curtain** 커튼
  curtain

48

Word Check (page 49)

Main Words 그림을 보고 빈칸에 알맞은 알파벳을 보기 에서 골라 단어를 완성하고, 알맞은 뜻의 스티커를 붙여 보세요.

보기 r h s m d t l g

- **①** b r i g h t — 밝은
- **②** m e etin g — 회의
- **③** s o l ution — 해결책
- **④** hea d lig h t — 헤드라이트

More Words 각 그림에 맞는 단어와 뜻을 연결해 보세요.

①	②	③	④	⑤

turn down   noisy   hang   think   neighbor

시끄러운   생각하다   (조명을) 낮추다   이웃   걸다, 달다

Chapter 2 Light **49**

36

We Want Sleep!

우리는 잠을 원해!

My family couldn't sleep well.
We found the problem.
It was too bright at night!

우리 가족은 잠을 잘 잘 수 없었다.
우리는 문제를 발견했다.
밤이 너무 밝았다!

Many stores were open late.
Sometimes headlights came through the windows.
There were many noisy bugs outside too.
They thought it was day, not night.

많은 가게들은 늦게까지 열렸다.
때때로 헤드라이트가 창문을 통해 들어왔다.
밖에는 많은 시끄러운 벌레들도 있었다.
그들은 밤이 아니라 낮이라고 생각했다.

Pattern Check

위 글에서 아래 패턴을 찾아 √ 표시하세요.

We found ~.
우리는 ~을[를] 발견합니다.
우리는 ~을[를] 마련했습니다.

아래 예문을 큰 소리로 따라 읽어보세요.

We found a nice beach.
우리는 멋진 해변을 발견했습니다.

We found solutions for the problem.
우리는 그 문제의 해결책을 마련했습니다.

50

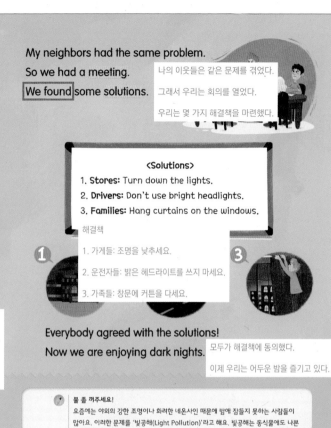

My neighbors had the same problem.
So we had a meeting.
We found some solutions.

나의 이웃들은 같은 문제를 겪었다.
그래서 우리는 회의를 열었다.
우리는 몇 가지 해결책을 마련했다.

\<Solutions\>
1. **Stores:** Turn down the lights.
2. **Drivers:** Don't use bright headlights.
3. **Families:** Hang curtains on the windows.

해결책
1. 가게들: 조명을 낮추세요.
2. 운전자들: 밝은 헤드라이트를 쓰지 마세요.
3. 가족들: 창문에 커튼을 다세요.

Everybody agreed with the solutions!
Now we are enjoying dark nights.

모두가 해결책에 동의했다.
이제 우리는 어두운 밤을 즐기고 있다.

불 좀 꺼주세요!
요즘에는 야외의 강한 조명이나 화려한 네온사인 때문에 밤에 잠들지 못하는 사람들이 많아요. 이러한 문제를 '빛공해(Light Pollution)'라고 해요. 빛공해는 동식물에게도 나쁜 영향을 끼쳐요. 식물들이 잘 자라지 못하거나 병이 들고, 별을 보며 이동하는 철새들이 빛 때문에 길을 잃기도 해요. 그래서 '빛공해 방지법'과 같은 법도 생겨났어요.

Chapter 2 Light **51**

Story Check

1 무엇에 관한 이야기인가요?

❶ bright headlights
　밝은 헤드라이트
✓ solutions for bright nights
　밝은 밤에 대한 해결책
❸ problems in meetings
　회의에서의 문제

2 문장을 읽고 맞으면 O, 틀리면 X에 √ 표시하세요.

	O	X
ⓐ The night was too bright in the story. 이야기에서 밤은 너무 밝았다.	√	
ⓑ The neighbors are now enjoying bright nights. 이웃들은 이제 밝은 밤을 즐기고 있다.		√

Graphic Organizer 보기 에서 알맞은 말을 골라 빈칸을 완성하세요.

보기　turn down　　bright　　curtains　　stores　　noisy

The Problem
문제

It was too **bright** at night. Why?
밤이 너무 밝았다. 왜인가?
1) Many **stores** were open late.
　많은 가게들은 늦게까지 문을 열었다.
2) Headlights came through the windows.
　헤드라이트가 창문을 통해 들어왔다.
3) There were many **noisy** bugs outside.
　밖에 많은 시끄러운 벌레들이 있었다.

Solutions
해결책

1. **Stores:** **Turn down** the lights.
　가게들: 조명을 낮추세요.
2. **Drivers:** Don't use bright headlights.
　운전자들: 밝은 헤드라이트를 쓰지 마세요.
3. **Families:** Hang **curtains** on the windows.
　가족들: 창문에 커튼을 다세요.

52

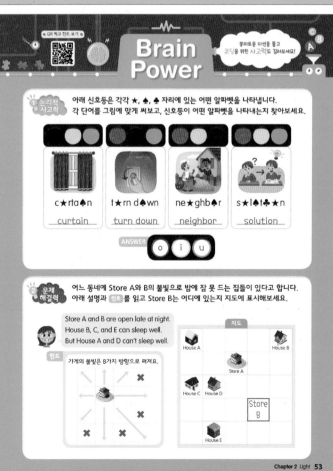

Brain Power

문미로운 미션을 풀고
코딩을 위한 사고력을 길러보세요!

QR 찍고 힌트 보기

1 논리적 사고력 아래 신호등은 각각 ★, ♠, ♣ 자리에 있는 어떤 알파벳을 나타냅니다. 각 단어를 그림에 맞게 써보고, 신호등이 어떤 알파벳을 나타내는지 찾아보세요.

c★rta♠n　　t★rn d♠wn　　ne★ghb♠r　　s★l♠t♣★n
curtain　　_turn down_　　_neighbor_　　_solution_

ANSWER　o　i　u

2 문제 해결력 어느 동네에 Store A와 B의 불빛으로 밤에 잠 못 드는 집들이 있다고 합니다. 아래 설명과 힌트 를 읽고 Store B는 어디에 있는지 지도에 표시해보세요.

Store A and B are open late at night.
House B, C, and E can sleep well.
But House A and D can't sleep well.

힌트
가게의 불빛은 8가지 방향으로 퍼져요.

지도
House A　House B
Store A
House C　House D
Store B
House E

Chapter 2 Light **53**

37

UNIT 03 미술 Is It Day or Night? 낮일까, 밤일까?

Main Words QR코드를 이용하여 단어를 듣고, 따라 읽으며 한 번씩 써보세요.

 daytime 낮
daytime

 streetlight 가로등
streetlight

 nighttime 밤
nighttime

 peaceful 평화로운
peaceful

 scary 무서운
scary

More Words QR코드를 이용하여 단어를 듣고, 따라 읽으며 한 번씩 써보세요.

 normal 보통의, 평범한
normal

 strange 이상한
strange

 top 윗부분
top

 below 아래에
below

 possible 가능한
possible

54

Word Check

Main Words 선들을 따라 잇고, 각 그림에 알맞은 영어 단어를 써보세요.

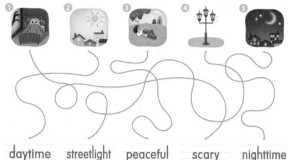

daytime   streetlight   peaceful   scary   nighttime

More Words 각 단어들을 퍼즐에서 찾아 동그라미 치고, 단어를 나타내는 그림 스티커를 붙이세요.

1 top
2 normal
3 below
4 strange
5 possible

```
p s s d t f d c
v o e l r o n h
p h s a z m o a
k b s s e n r r
p j a f i l m g
b e l o w b a e
x o b p e c l l
p s t r a n g e
```

Is It Day or Night?
낮일까, 밤일까?

Look at this painting, *The Empire of Light*. 이 그림 〈빛의 제국〉을 봐.

*The Empire of Light 빛의 제국

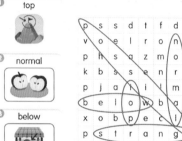

그것은 평범한 그림처럼 보이지 않아. It doesn't look like a normal painting.
이상한 점이 보이니? Do you see any strange things?
위에는 밝은 하늘이 있어. There is a bright sky at the top.
낮인 것 같아. It looks like it is daytime.

르네 마그리트 〈빛의 제국〉

Pattern Check

위 글에서 아래 패턴을 찾아 ☐ 표시하세요.

It looks like it is ~.
-인 것 같습니다.

아래 예문을 큰 소리로 따라 읽어보세요.

It looks like it is cold outside.
바깥이 추운 것 같습니다.
It looks like it is sunny today.
오늘 날씨가 맑은 것 같습니다.

56

However, there is a streetlight in the dark village below.
It looks like it is nighttime. 하지만 아래에는 어두운 마을에 가로등이 있어. 밤인 것 같아.

It is not possible in real life.
But it is possible in the painting! 이것은 현실에서는 불가능해. 하지만 그림에서는 가능해!

르네 마그리트 〈빛의 제국 II〉

What do you think about this painting?
Is it peaceful or scary? 이 그림에 대해 어떻게 생각하니? 평화로워? 아니면 무서워?

르네 마그리트(René Magritte)의 재미있는 상상력
이야기에 소개된 〈빛의 제국〉 시리즈는 벨기에의 화가 르네 마그리트가 그린 그림이에요. 이 그림에서는 위쪽은 밝은 대낮 같지만, 아래쪽은 밤 풍경을 나타내 기괴한 느낌을 주죠. 마그리트는 사과, 장미꽃 등 친숙한 사물들을 생각지도 못한 공간에 두거나, 사물의 크기를 변형시키는 등 장난기 가득하고 기발한 상상이 돋보이는 작품을 많이 그렸답니다.

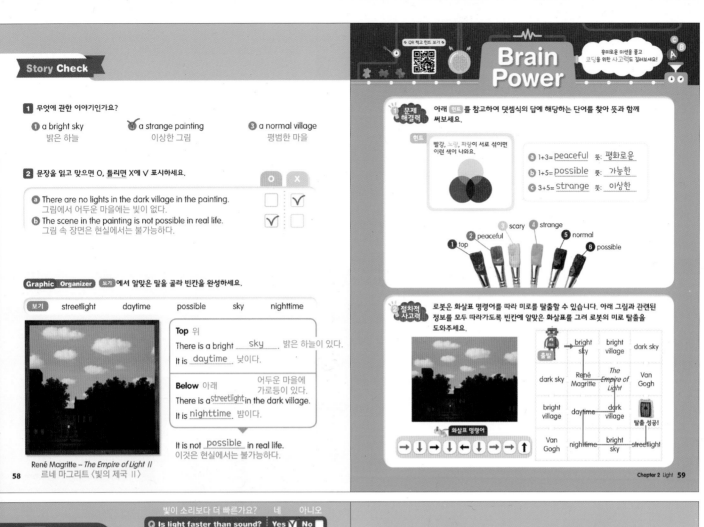

1 무엇에 관한 이야기인가요?

① a bright sky
밝은 하늘

② a strange painting ✓
이상한 그림

③ a normal village
평범한 마을

2 문장을 읽고 맞으면 O, 틀리면 X에 √ 표시하세요.

ⓐ There are no lights in the dark village in the painting. (X ✓)
그림에서 어두운 마을에는 빛이 없다.

ⓑ The scene in the painting is not possible in real life. (O ✓)
그림 속 장면은 현실에서는 불가능하다.

Graphic Organizer 보기에서 알맞은 말을 골라 빈칸을 완성하세요.

보기: streetlight   daytime   possible   sky   nighttime

Top 위
There is a bright __sky__ . 밝은 하늘이 있다.
It is __daytime__ 낮이다.

Below 아래
There is a __streetlight__ in the dark village. 어두운 마을에 가로등이 있다.
It is __nighttime__ 밤이다.

It is not __possible__ in real life.
이것은 현실에서는 불가능하다.

René Magritte – *The Empire of Light II*
르네 마그리트 〈빛의 제국 II〉

Brain Power

용미로운 미션을 풀고 코딩을 위한 사고력도 길러보세요.

① 문제 해결력 아래 힌트를 참고하여 덧셈식의 답에 해당하는 단어를 찾아 뜻과 함께 써보세요.

힌트: 빨강, 노랑, 파랑이 서로 섞이면 이런 색이 나와요.

ⓐ 1+3= __peaceful__   뜻: 평화로운
ⓑ 1+5= __possible__   뜻: 가능한
ⓒ 3+5= __strange__   뜻: 이상한

① top **②** peaceful **③** scary **④** strange **⑤** normal **⑥** possible

② 절차적 사고력 로봇은 화살표 명령어를 따라 미로를 탈출할 수 있습니다. 아래 그림과 관련된 정보를 모두 따라가도록 빈칸에 알맞은 화살표를 그려 로봇의 미로 탈출을 도와주세요.

출발	→ bright sky	bright village	dark sky
dark sky	René Magritte	*The Empire of Light*	Van Gogh
bright village	daytime	dark village	탈출 성공!
Van Gogh	nighttime	bright sky	streetlight

화살표 명령어
→ ↓ → ↓ ← ↓ → → ↑

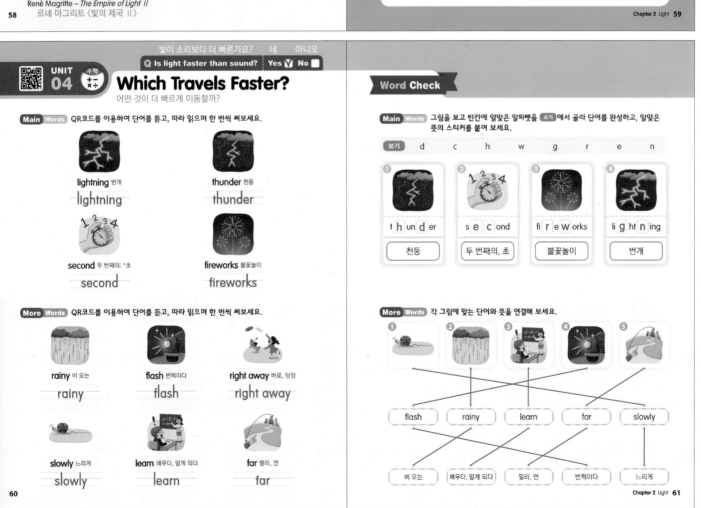

빛이 소리보다 더 빠른가요?   네 ✓   아니오
Q Is light faster than sound?   Yes ✓   No

UNIT 04 수학

Which Travels Faster?
어떤 것이 더 빠르게 이동할까?

Main Words QR코드를 이용하여 단어를 듣고, 따라 읽으며 한 번씩 써보세요.

lightning 번개
lightning

thunder 천둥
thunder

second 두 번째의; *초
second

fireworks 불꽃놀이
fireworks

More Words QR코드를 이용하여 단어를 듣고, 따라 읽으며 한 번씩 써보세요.

rainy 비 오는
rainy

flash 번쩍이다
flash

right away 바로, 당장
right away

slowly 느리게
slowly

learn 배우다, 알게 되다
learn

far 멀리, 먼
far

Word Check

Main Words 그림을 보고 빈칸에 알맞은 알파벳을 보기에서 골라 단어를 완성하고, 알맞은 뜻의 스티커를 붙여 보세요.

보기: d   c   h   w   g   r   e   n

① t h u n d er   천둥
② s e c ond   두 번째의, 초
③ fi r e w orks   불꽃놀이
④ li g h t ning   번개

More Words 각 그림에 맞는 단어와 뜻을 연결해 보세요.

flash   rainy   learn   far   slowly

비 오는   배우다, 알게 되다   멀리, 먼   번쩍이다   느리게

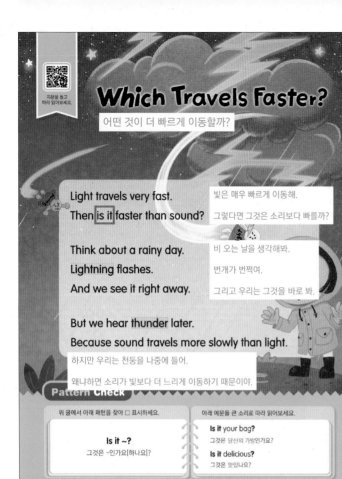

Which Travels Faster?

어떤 것이 더 빠르게 이동할까?

Light travels very fast.
빛은 매우 빠르게 이동해.

Then is it faster than sound?
그렇다면 그것은 소리보다 빠를까?

Think about a rainy day.
비 오는 날을 생각해봐.

Lightning flashes.
번개가 번쩍여.

And we see it right away.
그리고 우리는 그것을 바로 봐.

But we hear thunder later.
하지만 우리는 천둥을 나중에 들어.

Because sound travels more slowly than light.
왜냐하면 소리가 빛보다 더 느리게 이동하기 때문이야.

번개와 천둥 사이의 시간을 재봐.

우리는 그것들이 얼마나 멀리 떨어져 있는지 알 수 있어.

그것은 5초야?

그러면 그것들은 우리로부터 약 1,700미터 떨어져 있는 거야.

왜냐하면 소리는 1초에 약 340미터 이동할 수 있기 때문이야.

Count the time between lightning and thunder.

We can learn how far away they are.

Is it five seconds?

Then they are about 1,700 meters away from us.

Because sound can travel about 340 meters in a second.

Count the time between fireworks and their sounds.

Is it three seconds?
불꽃놀이와 그 소리 사이의 시간을 재봐.

Then how far away are they?
그것은 3초야?

그러면 그것들은 얼마나 멀리 떨어져 있는 걸까?

1초에 소리는 약 340미터 이동할 수 있다.

In 1 second, sound can travel about __340__ meters.
In 3 seconds, sound can travel about __1,020__ meters.

3초에 소리는 약 1,020미터 이동할 수 있다.

Pattern Check

위 글에서 아래 패턴을 찾아 □ 표시하세요.

Is it ~?
그것은 ~인가요[하나요]?

아래 예문을 큰 소리로 따라 읽어보세요.

Is it your bag?
그것은 당신의 가방인가요?

Is it delicious?
그것은 맛있나요?

세상에서 제일 빠른 빛

빛은 굉장히 빠른 속도로 이동한다고 알려져 있어요. 1초에 30만km나 이동할 수 있는데, 소리보다 무려 90만 배나 빠른 속도예요. 얼마나 빠르냐 하면 1초에 지구 둘레의 약 7바퀴 반이나 되는 거리를 이동하는 정도예요. 만일 우리가 빛의 속도로 이동할 수 있다면 달까지는 약 1초 정도, 태양까지는 약 8분 정도 걸린대요.

Story Check

1 무엇에 관한 이야기인가요?

❶ a rainy day
비 오는 날
❸ the speeds of light and sound ✓
빛과 소리의 속도

❷ flashing fireworks
번쩍이는 불꽃놀이

2 문장을 읽고 맞으면 O, 틀리면 X에 ∨ 표시하세요.

	O	X
ⓐ Sound travels faster than light. 소리는 빛보다 빠르게 이동한다.		✓
ⓑ Sound can travel about 340 meters in a second. 소리는 1초에 약 340미터 이동할 수 있다.	✓	

Graphic Organizer 보기 에서 알맞은 말을 골라 빈칸을 완성하세요.

보기 rainy   1,020   faster   1,700   thunder

Light travels __faster__ than sound.
빛은 소리보다 빠르게 이동한다.

On a __rainy__ Day 비 오는 날	**During Fireworks** 불꽃놀이 동안
· Lightning flashes. 번개가 번쩍인다. · We hear __thunder__ five seconds later. 우리는 5초 뒤에 천둥 소리를 듣는다. → They are about __1,700__ meters away from us. 번개와 천둥은 우리로부터 약 1,700미터 떨어져 있다.	· Fireworks flash. 불꽃이 번쩍인다. · We hear the sound three seconds later. 우리는 3초 뒤에 그 소리를 듣는다. → They are about __1,020__ meters away from us. 불꽃과 소리는 우리로부터 약 1,020미터 떨어져 있다.

Brain Power

흥미로운 미션을 듣고
코딩을 위한 사고력도 길러보세요!

1 절차적 사고력 아래 다트 놀이에서는 각 알파벳에 해당하는 점수에 맞게 여러 모양의 다트를 두 번씩 과녁에 던질 수 있습니다. 점수 와 단서 를 참고하여 과녁에 알맞은 다트 스티커를 붙이고 영단어의 뜻을 써주세요.

점수 a: 2점 l: 3점 n: 5점 l: 6점

단서

★ear♥: 배우다

r★i♥y: 비 오는

★igh♥▲ing: 번개

2 문제 해결력 네 사람이 어느 동네 근처에서 불꽃놀이를 했습니다. 불꽃이 터진 시간과 소리가 난 시간의 기록을 보고, 규정 을 지키지 않은 사람에 모두 ∨ 표시하세요.

규정 The fireworks must be 700 meters away from the town.
불꽃놀이는 동네로부터 700미터 떨어져 있어야 한다.

Wrap UP!

Unit 01 보기 에서 알맞은 말을 골라 그림을 설명하는 문장을 완성해보세요.

보기　　light source　　reflects　　dark　　light

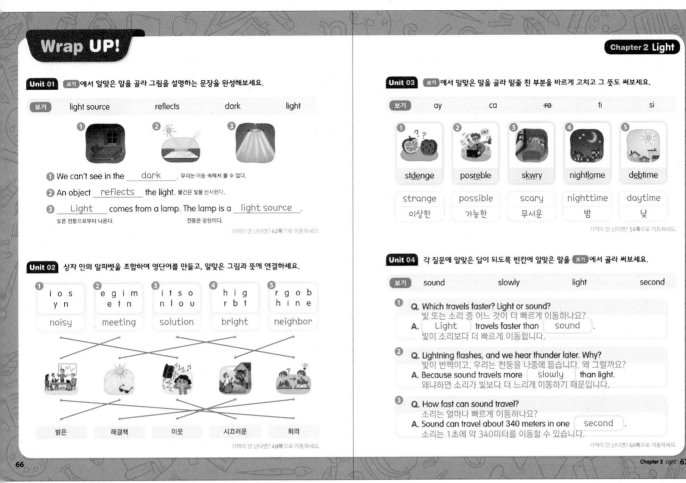

① We can't see in the ___dark___ . 우리는 어둠 속에서 볼 수 없다.

② An object ___reflects___ the light. 물건은 빛을 반사한다.

③ ___Light___ comes from a lamp. The lamp is a ___light source___ .
빛은 전등으로부터 나온다.　　　　　　　전등은 광원이다.

기억이 안 난다면? 42쪽으로 이동하세요.

Unit 02 상자 안의 알파벳을 조합하여 영단어를 만들고, 알맞은 그림과 뜻에 연결하세요.

① i o s / y n　　② e g i m / e t n　　③ i t s o / n l o u　　④ h i g / r b t　　⑤ r g o b / h i n e

noisy　　meeting　　solution　　bright　　neighbor

밝은　　해결책　　이웃　　시끄러운　　회의

기억이 안 난다면? 48쪽으로 이동하세요.

Unit 03 보기 에서 알맞은 말을 골라 밑줄 친 부분을 바르게 고치고 그 뜻도 써보세요.

보기　　ay　　ca　　re̶　　ti　　si

① st~~d~~enge　　② pos~~re~~ble　　③ skwr~~y~~　　④ night~~lome~~　　⑤ de~~bt~~ime

strange　　possible　　scary　　nighttime　　daytime
이상한　　가능한　　무서운　　밤　　낮

기억이 안 난다면? 54쪽으로 이동하세요.

Unit 04 각 질문에 알맞은 답이 되도록 빈칸에 알맞은 말을 보기 에서 골라 써보세요.

보기　　sound　　slowly　　light　　second

① Q. Which travels faster? Light or sound?
빛 또는 소리 중 어느 것이 더 빠르게 이동하나요?
A. ___Light___ travels faster than ___sound___ .
빛이 소리보다 더 빠르게 이동합니다.

② Q. Lightning flashes, and we hear thunder later. Why?
빛이 번쩍이고, 우리는 천둥을 나중에 듣습니다. 왜 그럴까요?
A. Because sound travels more ___slowly___ than light.
왜냐하면 소리가 빛보다 더 느리게 이동하기 때문입니다.

③ Q. How fast can sound travel?
소리는 얼마나 빠르게 이동하나요?
A. Sound can travel about 340 meters in one ___second___ .
소리는 1초에 약 340미터를 이동할 수 있습니다.

기억이 안 난다면? 60쪽으로 이동하세요.

66　　　　　　　　　　　　　　　　　　　　Chapter 2 Light 67

쉬어가기　성냥을 한 번씩만 옮겨서 알맞은 덧셈식 또는 뺄셈식을 완성해보세요.

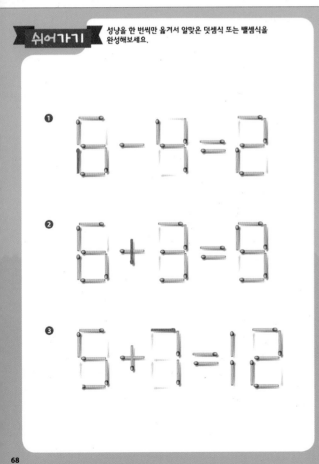

성냥을 한 번씩만 옮겨서 알맞은 곱셈식을 완성해보세요.

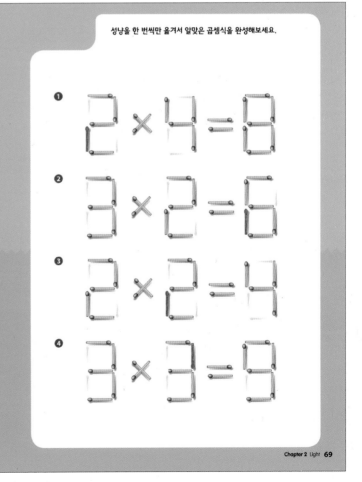

UNIT 01 과학

What Is an Earthquake?
지진은 무엇인가요?

Main Words QR코드를 이용하여 단어를 듣고, 따라 읽으며 한 번씩 써보세요.

earthquake 지진   shake 흔들리다 활용 shaking 흔들림   volcano 화산

earthquake   shake   volcano

erupt 분출하다   scale 규모, 등급   wave 파도; *파, 파동

erupt   scale   wave

More Words QR코드를 이용하여 단어를 듣고, 따라 읽으며 한 번씩 써보세요.

happen 일어나다   still 아직; *가만히 있는

happen   still

area 지역   measure 측정하다

area   measure

72

Word Check

Main Words 선들을 따라 잇고, 각 그림에 알맞은 영어 단어를 써보세요.

① ② ③ ④ ⑤

volcano   shake   earthquake   erupt   scale

More Words 각 단어들을 퍼즐에서 찾아 동그라미 치고, 단어를 나타내는 그림 스티커를 붙이세요.

① area
② still
③ measure
④ happen

n	t	h	l	e	i	s	m
e	m	w	a	s	t	e	a
p	e	a	n	p	a	i	l
a	a	v	o	z	l	u	
h	s	w	u	e	t	e	r
m	u	r	m	t	s	n	n
q	r	k	s	a	r	e	a
r	e	h	e	b	n	s	r

Chapter 3 Earthquakes 73

지문을 듣고,
따라 읽어보세요.

What Is an Earthquake?
지진은 무엇인가?

An earthquake is a shaking of the ground.
지진은 땅의 흔들림이다.

Why do earthquakes happen?
지진은 왜 일어날까?

There are rocks under the ground.
땅 아래에는 암석이 있다.

These rocks don't always stay still.
이 암석들은 항상 가만히 있지 않는다.

Sometimes they move, and then the ground shakes.
때때로 그것들은 움직이고, 그러면 땅이 흔들린다.

Volcanoes erupt in some areas.
어떤 지역에서는 화산이 분출한다.

Then pressure goes up under the ground.
그러면 땅 아래에서 압력이 높아진다.

So rocks break, and the ground shakes.
그래서 암석이 깨지고, 땅이 흔들린다.

Pattern Check

위 글에서 아래 패턴을 찾아 ○ 표시 ___ 보세요.

People can feel ~.
사람들은 ~을[를] 느낄 수 있습니다.

People can feel the movement.
사람들은 움직임을 느낄 수 있습니다.

People can feel the tension.
사람들은 긴장감을 느낄 수 있습니다.

74

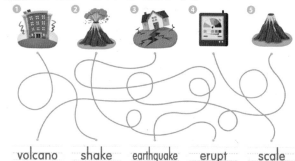

과학자들은 지진을 측정한다.

그들은 규모를 사용한다.

규모 3.5 이상이면, 사람들은 흔들림을 느낄 수 있다.

Scientists measure earthquakes.

They use a scale.

Over 3.5 on the scale, people can feel the shaking.

Earthquakes make earthquake waves.

They travel through the ground quickly.

So people can feel earthquakes far away.

지진은 지진파를 만든다.

지진파는 땅을 빠르게 통과해 이동한다.

그래서 사람들은 먼 곳에서 지진을 느낄 수 있다.

💡 **숫자를 보면 알 수 있어요!**
지진의 강도를 가장 먼저 절대적 수치로 나타낸 사람은 미국의 '리히터'라는 지질학자예요. 그래서 그의 이름을 따 지진의 규모를 '리히터 규모'라고 불러요. 리히터 규모가 5.5 이상이 되면 건물에 금이 갈 수 있는 정도이고, 규모 8 이상이 되면 대지진으로 분류합니다. 현재까지 기록된 가장 강한 지진은 1960년에 칠레에서 발생한 지진(규모 9.5)입니다.

Chapter 3 Earthquakes 75

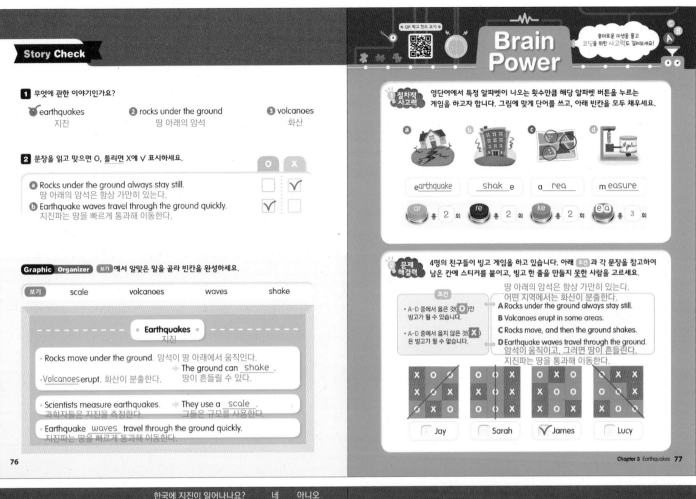

Story Check

1 무엇에 관한 이야기인가요?

☑ **1** earthquakes
지진

2 rocks under the ground
땅 아래의 암석

3 volcanoes
화산

2 문장을 읽고 맞으면 O, 틀리면 X에 ∨ 표시하세요.

	O	X
ⓐ Rocks under the ground always stay still. 땅 아래의 암석은 항상 가만히 있다.		✓
ⓑ Earthquake waves travel through the ground quickly. 지진파는 땅을 빠르게 통과해 이동한다.	✓	

Graphic Organizer — 보기 에서 알맞은 말을 골라 빈칸을 완성하세요.

보기   scale   volcanoes   waves   shake

• Earthquakes
지진

- Rocks move under the ground. 암석이 땅 아래에서 움직인다.
  → The ground can **shake**.
  땅이 흔들릴 수 있다.
- **Volcanoes** erupt. 화산이 분출한다.

- Scientists measure earthquakes. → They use a **scale**.
  과학자들은 지진을 측정한다.   그들은 규모를 사용한다.
- Earthquake **waves** travel through the ground quickly.
  지진파는 땅을 빠르게 통과해 이동한다.

76

Brain Power

1 절차적 사고력 — 영단어에서 특정 알파벳이 나오는 횟수만큼 해당 알파벳 버튼을 누르는 게임을 하고자 합니다. 그림에 맞게 단어를 쓰고, 아래 빈칸을 모두 채우세요.

ⓐ e**arthquake**   ⓑ shak_**e**   ⓒ a_**rea**   ⓓ m**easure**

ar 총 **2** 회   re 총 **2** 회   ke 총 **2** 회   e a 총 **3** 회

2 문제 해결력 — 4명의 친구들이 빙고 게임을 하고 있습니다. 아래 조건 과 각 문장을 참고하여 남은 칸에 스티커를 붙이고, 빙고 한 줄을 만들지 못한 사람을 고르세요.

조건
- A-D 중에서 옳은 것(O)만 빙고가 될 수 있습니다.
- A-D 중에서 옳지 않은 것(X)은 빙고가 될 수 없습니다.

땅 아래의 암석은 항상 가만히 있다.
어떤 지역에서는 화산이 분출한다.
A Rocks under the ground always stay still.
B Volcanoes erupt in some areas.
C Rocks move, and then the ground shakes.
암석이 움직이고, 그러면 땅이 흔들린다.
D Earthquake waves travel through the ground.
지진파는 땅을 통과해 이동한다.

☐ Jay   ☐ Sarah   ✓ James   ☐ Lucy

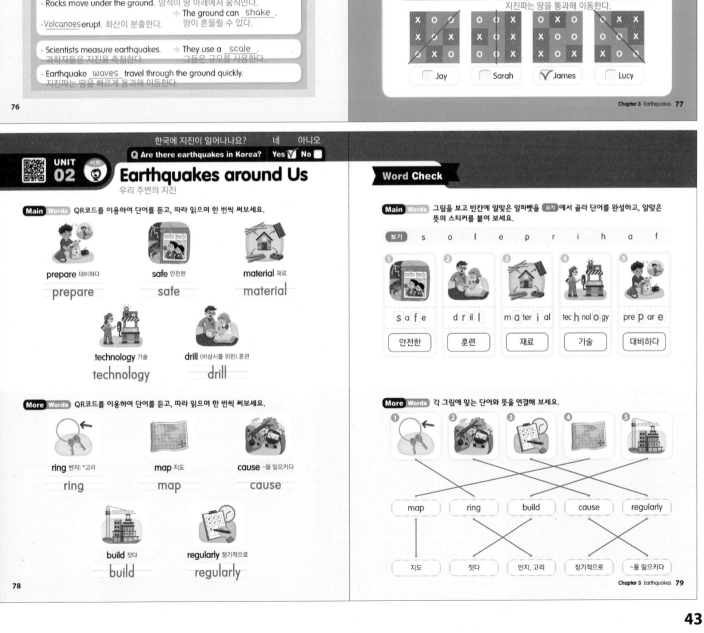

한국에 지진이 일어나나요?   네   아니오
Q Are there earthquakes in Korea?   Yes ✓ No ☐

UNIT 02 사회
Earthquakes around Us
우리 주변의 지진

Main Words QR코드를 이용하여 단어를 듣고, 따라 읽으며 한 번씩 써보세요.

prepare 대비하다
prepare

safe 안전한
safe

material 재료
material

technology 기술
technology

drill (비상시를 위한) 훈련
drill

More Words QR코드를 이용하여 단어를 듣고, 따라 읽으며 한 번씩 써보세요.

ring 반지; *고리
ring

map 지도
map

cause ~을 일으키다
cause

build 짓다
build

regularly 정기적으로
regularly

78

Word Check

Main Words 그림을 보고 빈칸에 알맞은 알파벳을 보기 에서 골라 단어를 완성하고, 알맞은 뜻의 스티커를 붙여 보세요.

보기   s   o   l   e   p   r   i   h   a   f

1 s a f e — 안전한
2 d r i l l — 훈련
3 m a t e r i a l — 재료
4 tech no lo gy — 기술
5 pre p a re — 대비하다

More Words 각 그림에 맞는 단어와 뜻을 연결해 보세요.

map   ring   build   cause   regularly

지도   짓다   반지, 고리   정기적으로   ~을 일으키다

Earthquakes around Us

우리 주변의 지진

지도 위에 고리 같은 둥근 모양이 보이는가?

지진은 이 지역에서 자주 일어난다.

Do you see a round shape like a ring on the map?

Earthquakes often happen in this area.

Why?

Volcanoes often erupt here.

And this can cause earthquakes.

왜 그럴까?

화산은 이곳에서 자주 분출한다.

그리고 이것은 지진을 일으킬 수 있다.

Pattern Check

위 글에서 아래 패턴을 찾아 □ 표시하세요.

Do you see ~?
~이 보이나요?

아래 예문을 큰 소리로 따라 읽어보세요.

Do you see the building over there?
저쪽의 건물이 보이나요?

Do you see the full moon in the sky?
하늘에 보름달이 보이나요?

80

Do you see some countries in this area?

Japan, the USA, and Chile are here.

These countries always prepare for earthquakes.

이 지역의 나라들이 보이는가?

일본, 미국, 칠레가 여기 있다.

이 나라들은 항상 지진에 대비한다.

그 나라들은 안전한 건물을 설계하고 짓는다.

그들은 더 좋은 재료와 기술을 사용한다.

그리고 사람들은 정기적으로 건물을 점검한다.

The countries design and build safe buildings.

They use better materials and technology.

And people regularly check the buildings.

People have earthquake drills

at school and work too.

So they are always ready for earthquakes.

사람들은 학교와 회사에서도 지진 대피 훈련을 한다.

그래서 그들은 항상 지진에 준비되어 있다.

꽝! 접촉 사고가 일어났어요
태평양을 둘러싼 부분에서 지진과 화산이 자주 발생해요. 이 부분을 이어보면 둥그란 띠 모양이 된다고 해서 '불의 고리(Ring of Fire)'라고도 부른답니다. 지구 표면에는 퍼즐 조각처럼 여러 개의 판이 있는데 불의 고리 지역은 그 판들이 마주하는 곳에 있어요. 그래서 판 하나가 움직이면서 다른 판과 충돌하여 지진이나 화산이 발생한답니다.

Story Check

1 무엇에 관한 이야기인가요?

❶ materials for safe buildings
안전한 건물을 위한 재료

❷ the shape of volcanoes
화산의 형태

✓ preparing for earthquakes
지진 대비하기

2 문장을 읽고 맞으면 O, 틀리면 X에 ✓ 표시하세요.

	O	X
ⓐ Earthquakes often happen in the USA and Chile. 지진은 미국과 칠레에서 자주 일어난다.	✓	
ⓑ Japan designs and builds safe buildings. 일본은 안전한 건물을 설계하고 짓는다.	✓	

Graphic Organizer 보기 에서 알맞은 말을 골라 빈칸을 완성하세요.

보기 happen   prepare   volcanoes   design   drills

In this area ...
이 지역에서는...

- volcanoes often erupt. 화산이 자주 분출한다.
  → Earthquakes often _happen_. 지진이 자주 일어난다.

- Japan, the USA, and Chile are here.
  일본, 미국, 칠레가 여기 있다.
  → These countries always _prepare_
  for earthquakes. 이 나라들은 항상 지진에 대비한다.

  → They _design_ and build safe
  buildings. 그들은 안전한 건물을 설계하고 짓는다.

  → People regularly check the buildings
  and have earthquake _drills_.
  사람들은 정기적으로 건물을 점검하고
  지진 대피 훈련을 한다.

82

Brain Power

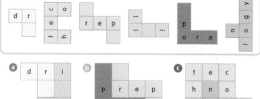

흥미로운 미션을 풀고
코딩을 위한 사고력도 길러보세요!

1 추상화 사고력 주어진 도형을 두 개씩 조합하여 큰 도형을 완성하세요. 그리고 찾아낸 단어와 그 뜻을 써보세요.

ⓐ

단어: _drill_
뜻: (비상시를 위한) 훈련

ⓑ
단어: _prepare_
뜻: 대비하다

ⓒ
단어: _technology_
뜻: 기술

2 논리적 사고력 A~C 건물의 지진 안전 검사를 세 번 실시하여 순위와 최종 점수를 매겼습니다. 아래 조건, 점수 그리고 최종 결과를 참고하여 표의 빈칸에 건물 이름과 순위를 써보세요.

조건

1. 매회 1위는 10점, 2위는 5점, 3위는 0점을 얻습니다.
2. 전보다 순위가 오르면 10점을 추가로 얻습니다.
3. 전과 순위가 같으면 5점을 추가로 얻습니다.
4. 전보다 순위가 내려가면 5점 감점됩니다.

점수

	1회	2회	3회	최종 점수
Building B	2위	1위	1위	40점
Building A	1위	3위	2위	20점
Building C	3위	2위	3위	10점

건물 B는 현재 건물 A보다 더 안전하다.

1. Building B is safer than A right now.

2. Building C is not safer than A right now.
   건물 C는 현재 건물 A보다 더 안전하지 않다.

44

UNIT 03 체육 Earthquake Safety Rules
지진 안전 규칙

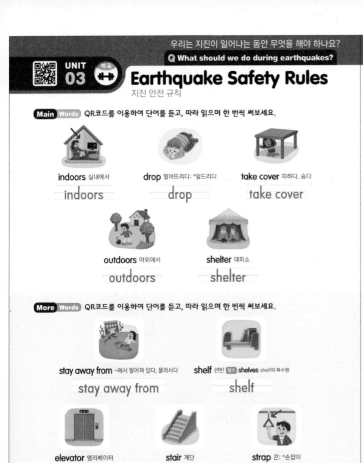

Main Words QR코드를 이용하여 단어를 듣고, 따라 읽으며 한 번씩 써보세요.

indoors 실내에서
indoors

drop 떨어뜨리다; *엎드리다
drop

take cover 피하다, 숨다
take cover

outdoors 야외에서
outdoors

shelter 대피소
shelter

More Words QR코드를 이용하여 단어를 듣고, 따라 읽으며 한 번씩 써보세요.

stay away from ~에서 떨어져 있다, 물러서다
stay away from

shelf 선반 복수 shelves shelf의 복수형
shelf

elevator 엘리베이터
elevator

stair 계단
stair

strap 끈; *손잡이
strap

84

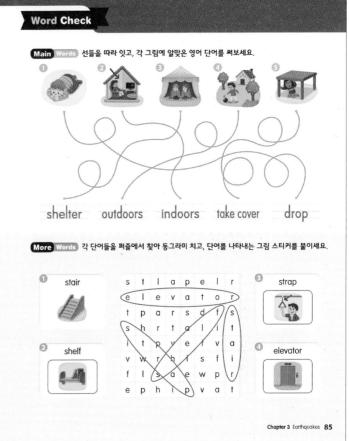

Main Words 선들을 따라 잇고, 각 그림에 알맞은 영어 단어를 써보세요.

shelter　outdoors　indoors　take cover　drop

More Words 각 단어들을 퍼즐에서 찾아 동그라미 치고, 단어를 나타내는 그림 스티커를 붙이세요.

① stair
② shelf
③ strap
④ elevator

s	t	l	a	p	e	l	r
e	l	e	v	a	t	o	r
t	p	a	r	s	d	f	s
s	h	r	t	a	l	i	t
i	t	p	y	e	t	v	a
v	w	r	h	i	s	f	i
f	l	s	a	e	w	p	r
e	p	h	i	p	v	a	t

Chapter 3 Earthquakes 85

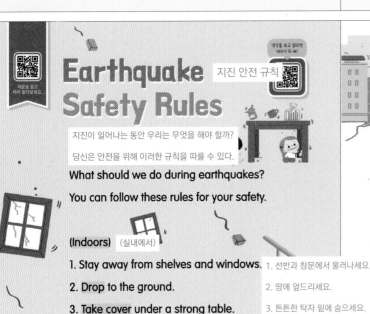

Earthquake Safety Rules
지진 안전 규칙

지진이 일어나는 동안 우리는 무엇을 해야 할까?
당신은 안전을 위해 이러한 규칙을 따를 수 있다.

What should we do during earthquakes?
You can follow these rules for your safety.

(Indoors) (실내에서)

1. Stay away from shelves and windows.
2. Drop to the ground.
3. Take cover under a strong table.
4. Hold on to the table legs.
5. Don't take the elevator. Use the stairs.

1. 선반과 창문에서 물러나세요.
2. 땅에 엎드리세요.
3. 튼튼한 탁자 밑에 숨으세요.
4. 탁자 다리를 잡으세요.
5. 엘리베이터를 타지 마세요. 계단을 이용하세요.

(야외에서)

1. 떨어지는 물건들로부터 당신의 손이나 가방으로 머리를 보호하세요.
2. 건물과 가로등에서 물러나세요.
3. 버스나 지하철에서는 손잡이를 잡으세요.
4. 대피소를 찾고 뉴스를 들으세요.

(Outdoors)

1. Protect your head from falling objects with your hands or a bag.
2. Stay away from buildings and streetlights.
3. Hold on to the straps on buses or subways.
4. Find shelter and listen to the news.

Pattern Check

위 글에서 아래 패턴을 찾아 □ 표시하세요.

Hold on to ~.
~을[를] 잡으세요.

아래 예문을 큰 소리로 따라 읽어보세요.

Hold on to my hand.
제 손을 잡으세요.

Hold on to the table.
그 탁자를 잡으세요.

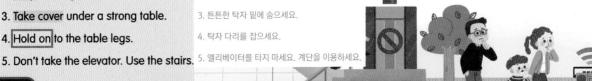

조심해! 바다 밑이 흔들리고 있어!
바다 밑에서 지진이나 화산 폭발이 일어나면 어떻게 될까요? 바로 그때 발생하는 힘이 바닷물을 들어올려 해일을 일으켜요. 지진이나 화산 폭발이 해안과 가까운 곳에서 일어날수록 파도가 더 높아지기 때문에 큰 피해를 줄 수 있어요. 그래서 평소에 바닷물의 움직임을 관찰하고, 해일이 일어나기 전에 사람들이 대피할 수 있도록 경보 시스템을 운영하고 있답니다.

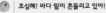

86

Chapter 3 Earthquakes 87

45

Story Check

1 무엇에 관한 이야기인가요?

① new safety rules on buses
버스에서의 새로운 안전 규칙

② finding safe shelter
안전한 대피소 찾기

③ safety rules for earthquakes
지진에 대비한 안전 규칙 ✓

2 문장을 읽고 맞으면 O, 틀리면 X에 V 표시하세요.

	O	X
ⓐ We should take the elevator during earthquakes. 우리는 지진이 일어나는 동안 엘리베이터를 타야 한다.		✓
ⓑ We should stay away from buildings during earthquakes. 우리는 지진이 일어나는 동안 건물에서 물러나 있어야 한다.	✓	

Graphic Organizer 보기 에서 알맞은 말을 골라 빈칸을 완성하세요.

보기 falling   drop   shelter   take cover

Earthquake Safety Rules
지진 안전 규칙

Indoors 실내에서

Drop to the ground.
땅에 엎드리세요.

Take cover under a strong table.
튼튼한 탁자 밑에 숨으세요.

Outdoors 야외에서

Protect your head from falling objects.
떨어지는 물건으로부터 머리를 보호하세요.

Find shelter
대피소를 찾으세요.

88

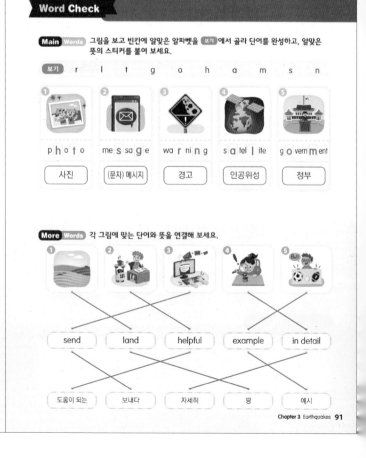

Chapter 3 Earthquakes 89

지진이 일어나는 동안 기술은 우리를 어떻게 도와주나요?

Q How can technology help us during earthquakes?

UNIT 04 Helpful Technology 도움이 되는 기술

Main Words QR코드를 이용하여 단어를 듣고, 따라 읽으며 한 번씩 써보세요.

government 정부
government

warning 경고
warning

message (문자) 메시지
message

satellite 인공위성
satellite

photo 사진
photo

More Words QR코드를 이용하여 단어를 듣고, 따라 읽으며 한 번씩 써보세요.

example 예시
example

send 보내다
send

land 땅
land

in detail 자세히
in detail

helpful 도움이 되는
helpful

90

Word Check

Main Words 그림을 보고 빈칸에 알맞은 알파벳을 보기 에서 골라 단어를 완성하고, 알맞은 뜻의 스티커를 붙여 보세요.

보기 r   l   t   g   o   h   a   m   s   n

① p h o t o   사진
② me s sa g e   (문자) 메시지
③ wa r n i ng   경고
④ s a tel l ite   인공위성
⑤ g o ve rn m ent   정부

More Words 각 그림에 맞는 단어와 뜻을 연결해 보세요.

send   land   helpful   example   in detail

도움이 되는   보내다   자세히   땅   예시

Chapter 3 Earthquakes 91

46

Helpful Technology
도움이 되는 기술

We use technology every day. 우리는 매일 기술을 사용한다.

Technology even helps us during and after earthquakes!

How? Here are some examples.

기술은 심지어 지진이 일어나는 동안이나 그 후에도 우리를 도와준다.

어떻게? 여기 몇 가지 예시가 있다.

경고 메시지 Warning Messages

The government sends warning messages.

We see the messages right after an earthquake.

The messages have information about the earthquake.

They help us prepare for *aftershocks.

*aftersh

정부는 경고 메시지를 보낸다.

우리는 그 메시지를 지진 직후에 본다.

그 메시지에는 지진에 관한 정보가 있다.

그것들은 우리가 여진에 대비하도록 도와준다.

Pattern Check

위 글에서 아래 패턴을 찾아 ☑ 표시하세요.

They help us ~.
그(것)들은 우리가 ~하도록 도와줍니다.

아래 예문을 큰 소리로 따라 읽어보세요.

They help us live safely.
그들은 우리가 안전하게 살도록 도와줍니다.

They help us sleep well.
그것들은 우리가 잠을 잘 자도록 도와줍니다.

92

Satellite Photos 인공위성 사진

The government also uses satellite photos.

The photos show the land in detail.

We can see safe places in the photos.

So they help us find safe places after an earthquake.

정부는 또한 인공위성 사진을 사용한다.

그 사진은 땅을 자세히 보여준다.

우리는 그 사진에서 안전한 장소를 볼 수 있다.

그래서 그것들은 지진 후에 우리가 안전한 장소를 찾도록 도와준다.

See? Technology is very helpful!
알겠는가? 기술은 정말 도움이 된다!

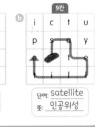

🛰 **인공위성아, 안전을 부탁해!**

스마트폰의 지도 앱을 켜면 내 위치를 확인할 수 있죠? 이렇게 스마트폰에서 내 위치를 찾아줄 수 있는 건 바로 GPS 덕분이에요. GPS는 우주에 있는 인공위성이 스마트폰의 위치를 파악해서 신호를 보내주는 시스템이에요. 이 GPS는 지진이 날 때도 유용하게 쓰이는데요. 인공위성이 땅의 흔들림을 감지해서 지구로 신호를 보내준답니다.

Chapter 3 Earthquakes 93

Story Check

1 무엇에 관한 이야기인가요?

1 messages from satellites
인공위성으로부터의 메시지들

2 photos of earthquakes
지진의 사진들

3 technology for earthquake safety
지진 안전을 위한 기술

2 문장을 읽고 맞으면 O, 틀리면 X에 ∨ 표시하세요.

	O	X
a Warning messages have information about technology. 경고 메시지에는 기술에 대한 정보가 담겨 있다.		✓
b Satellite photos show the land in detail. 인공위성 사진은 땅을 자세히 보여준다.	✓	

Graphic Organizer 보기 에서 알맞은 말을 골라 빈칸을 완성하세요.

보기 warning   helpful   safe   satellite   earthquakes

Technology is __helpful__ during and after earthquakes.
기술은 지진이 일어나는 동안이나 그 후에 도움이 된다.

Examples
예시들

1

__Warning__ messages have information about __earthquakes__.
경고 메시지에는 지진에 대한 정보가 담겨 있다.

2

__Satellite__ photos help us find __safe__ places.
위성 사진은 우리가 안전한 장소를 찾도록 도와준다.

94

Brain Power

홍미로운 미션을 풀고 코딩을 위한 사고력도 길러보세요!

1 절차적 사고력 아래 힌트 와 같이 자동차가 있는 칸부터 주어진 칸만큼 이동하여 완성된 단어를 뜻과 함께 써보세요.

힌트

4칸
i	r	e	t
a	l	d	i
m	o	n	t
		i	h

단어: __land__
뜻: 땅

7칸
a	l	a	n	d
	h	e	y
i	s	l
m		u

단어: __helpful__
뜻: 도움이 되는

9칸
b	i	c	t	u
p	s	a	y
		i

단어: __satellite__
뜻: 인공위성

2 문제 해결력 지도에 가로, 세로의 숫자만큼 칸을 색칠하면 지진의 피해를 본 지역과 안전한 지역을 알 수 있습니다. 힌트 를 참고하여 지도의 칸을 색칠하고 아래 빈칸에 알맞은 기호를 써보세요.

힌트 색칠된 칸은 위험한 지역이에요.

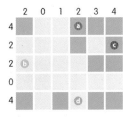

The earthquake caused damage to **a** and **c**.
b and **d** are safe after the earthquake.

지진은 **a**와 **c**에 피해를 일으켰다.
b와 **d**는 지진 이후에 안전하다.

Chapter 3 Earthquakes 95

47

Wrap UP!

Unit 01 그림을 보고 빈칸에 들어갈 알맞은 말을 보기 에서 골라 단어를 완성하세요.

보기   no   ke   ea   ve   su   le

1. ar __ea__
2. sca __le__
3. wa __ve__
4. sha __ke__
5. mea __su__ re
6. volca __no__

기억이 안 난다면? 72쪽으로 이동하세요.

Unit 02 단어 조각 카드를 조합하여 그림과 뜻에 맞는 단어를 완성하세요.

| mate | techno | rial | pare | larly |
| bu | pre | ild | regu | logy |

1. build 짓다
2. technology 기술
3. prepare 대비하다
4. regularly 정기적으로
5. material 재료

기억이 안 난다면? 78쪽으로 이동하세요.

Unit 03 아래 지진 안전 규칙을 읽고, 각 규칙에 해당하는 그림에 번호를 써보세요.

1. Hold on to the straps on buses.
   버스에서는 손잡이를 잡으세요.
2. Find shelter and listen to the news.
   대피소를 찾고 뉴스를 들으세요.
3. Don't take the elevator.
   엘리베이터를 타지 마세요.
4. Hold on to the table legs.
   탁자 다리를 잡으세요.

(3) (4) (2) (1)

기억이 안 난다면? 84쪽으로 이동하세요.

Unit 04 보기 에서 알맞은 말을 골라 각 그림을 설명하는 문장을 완성하세요.

보기   safe   prepare   satellite   warning

- We see the __warning__ messages right after an earthquake.
  우리는 지진 직후에 경고 메시지를 본다.
- We can __prepare__ for aftershocks.
  우리는 여진에 대비할 수 있다.

- The __satellite__ photos show the land in detail.
  인공위성 사진은 땅을 자세히 보여준다.
- We can find __safe__ places after an earthquake.
  우리는 지진 이후에 안전한 장소를 찾을 수 있다.

기억이 안 난다면? 90쪽으로 이동하세요.

쉬어가기   아래 각 도형의 총합을 보고 세모에 해당하는 숫자를 골라보세요.
(줄과 막대의 무게는 무시하세요.)

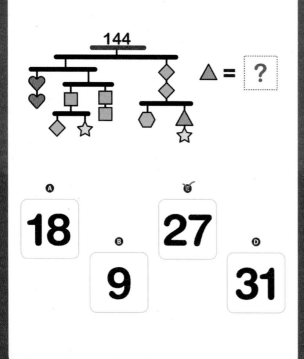

144

△ = [?]

Ⓐ **18**
Ⓑ **9**
Ⓒ **27**
Ⓓ **31**

저울 위에 있는 도형들의 무게를 비교하여 물음표에 들어갈 알맞은 도형을 골라보세요.

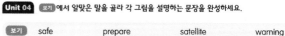

?

Ⓐ   Ⓒ
Ⓑ   Ⓓ

48

초등영어 리딩이 된다

Basic 4

WORKBOOK 정답 및 해설

Ⓐ 그림에 맞는 단어를 연결하고 한 번씩 써보세요.

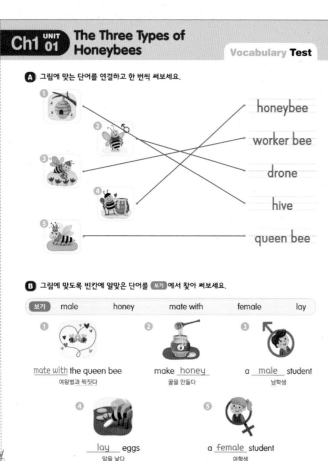

honeybee

worker bee

drone

hive

queen bee

Ⓑ 그림에 맞도록 빈칸에 알맞은 단어를 [보기] 에서 찾아 써보세요.

보기 male honey mate with female lay

① mate with the queen bee
여왕벌과 짝짓다

② make honey
꿀을 만들다

③ a male student
남학생

④ lay eggs
알을 낳다

⑤ a female student
여학생

They don't ~. 그들은 ~하지 않습니다.

Ⓐ 우리말 뜻에 맞게 빈칸에 알맞은 말을 넣으세요.

① 그들은 알을 낳지 않습니다.

They don't lay eggs.

② 그들은 일벌들처럼 일하지 않습니다.

They don't work like worker bees.

③ 그들은 수프를 좋아하지 않습니다. (like, soup) 좋아하다, 수프

They don't like soup.

Ⓑ 그림을 보고 오른쪽 말풍선 빈칸에 알맞은 말을 넣어 대화해보세요.

①

Do they go to school by bus?

그들은 버스를 타고
② 학교에 가나요?

No, they don't go to school by bus.

아니요, 그들은 학교에
버스타고 가지 않아요.

Do they speak English?

그들은 영어로
말하나요?

No, they don't speak English.

아니요, 그들은 영어를
말하지 않습니다.

Ⓐ 그림에 맞는 단어를 연결하고 한 번씩 써보세요.

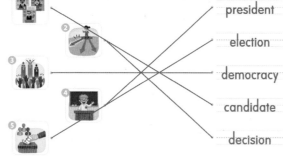

president

election

democracy

candidate

decision

Ⓑ 그림에 맞도록 빈칸에 알맞은 단어를 [보기] 에서 찾아 써보세요.

보기 site promises call information choice

① find a site
장소를 찾다

② a lot of information
많은 정보

③ make a choice
선택하다

④ call someone
누군가를 부르다

⑤ She made some promises.
그녀는 몇 가지 공약을 했다.

A vote(s) for B. A는 B에(게) 투표합니다.

Ⓐ 우리말 뜻에 맞게 빈칸에 알맞은 말을 넣으세요.

① 그 벌들은 가장 좋은 장소에 투표합니다.

The bees vote for the best site.

② 그 반은 가장 좋은 후보에게 투표합니다.

The class votes for the best candidate.

③ 저는 Jim에게 투표합니다. (I, Jim) 나, Jim

I vote for Jim.

Ⓑ 그림을 보고 오른쪽 말풍선 빈칸에 알맞은 말을 넣어 대화해보세요.

①

What will you vote for?

당신은 무엇에
② 투표할 건가요?

I will vote for pizza.

저는 피자에
투표할 거예요.

Who will you vote for?

당신은 누구에게
투표할 건가요?

I will vote for Sally.

저는 Sally에게
투표할 거예요.

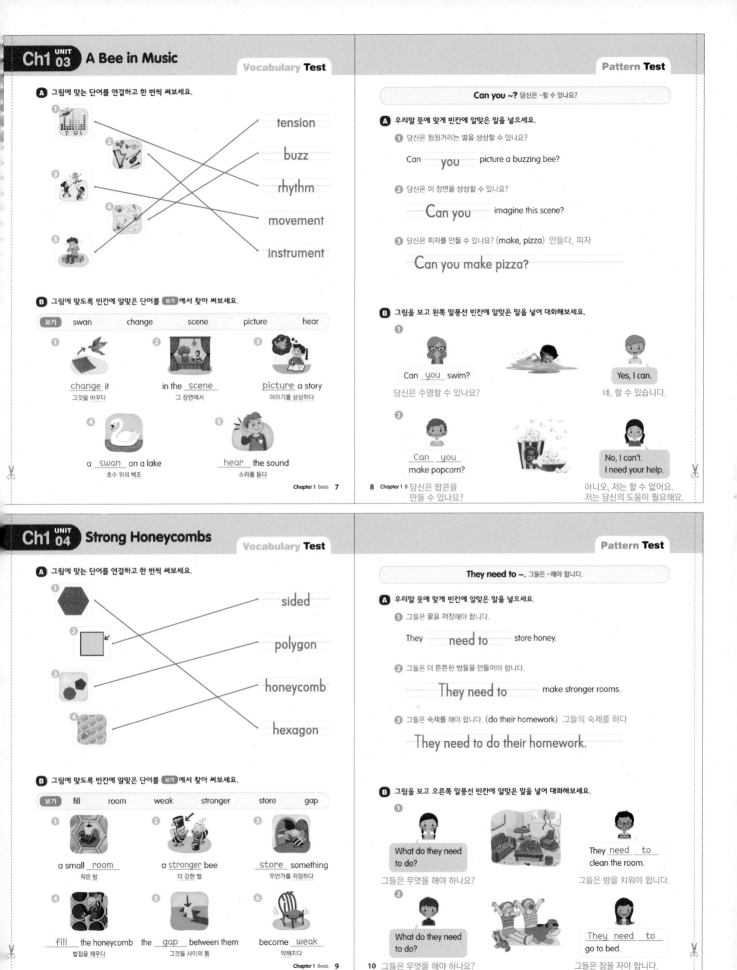

Ch1 UNIT 03 A Bee in Music

Vocabulary Test

A 그림에 맞는 단어를 연결하고 한 번씩 써보세요.

① tension
② buzz
③ rhythm
④ movement
⑤ instrument

B 그림에 맞도록 빈칸에 알맞은 단어를 보기 에서 찾아 써보세요.

보기 swan   change   scene   picture   hear

① change it
그것을 바꾸다

② in the scene
그 장면에서

③ picture a story
이야기를 상상하다

④ a swan on a lake
호수 위의 백조

⑤ hear the sound
소리를 듣다

Chapter 1 Bees **7**

Pattern Test

Can you ~? 당신은 ~할 수 있나요?

A 우리말 뜻에 맞게 빈칸에 알맞은 말을 넣으세요.

① 당신은 윙윙거리는 벌을 상상할 수 있나요?

Can **you** picture a buzzing bee?

② 당신은 이 장면을 상상할 수 있나요?

Can you imagine this scene?

③ 당신은 피자를 만들 수 있나요? (make, pizza) 만들다, 피자

Can you make pizza?

B 그림을 보고 왼쪽 말풍선 빈칸에 알맞은 말을 넣어 대화해보세요.

①
Can **you** swim?
당신은 수영할 수 있나요?

Yes, I can.
네, 할 수 있습니다.

②
Can **you**
make popcorn?

No, I can't.
I need your help.

8 Chapter 1 Bees B 당신은 팝콘을
만들 수 있나요?

아니오, 저는 할 수 없어요.
저는 당신의 도움이 필요해요.

Ch1 UNIT 04 Strong Honeycombs

Vocabulary Test

A 그림에 맞는 단어를 연결하고 한 번씩 써보세요.

① sided
② polygon
③ honeycomb
④ hexagon

B 그림에 맞도록 빈칸에 알맞은 단어를 보기 에서 찾아 써보세요.

보기 fill   room   weak   stronger   store   gap

① a small room
작은 방

② a stronger bee
더 강한 벌

③ store something
무언가를 저장하다

④ fill the honeycomb
벌집을 채우다

⑤ the gap between them
그것들 사이의 틈

⑥ become weak
약해지다

Chapter 1 Bees **9**

Pattern Test

They need to ~. 그들은 ~해야 합니다.

A 우리말 뜻에 맞게 빈칸에 알맞은 말을 넣으세요.

① 그들은 꿀을 저장해야 합니다.

They **need to** store honey.

② 그들은 더 튼튼한 방들을 만들어야 합니다.

They need to make stronger rooms.

③ 그들은 숙제를 해야 합니다. (do their homework) 그들의 숙제를 하다

They need to do their homework.

B 그림을 보고 오른쪽 말풍선 빈칸에 알맞은 말을 넣어 대화해보세요.

①
What do they need
to do?
그들은 무엇을 해야 하나요?

They **need to**
clean the room.
그들은 방을 치워야 합니다.

②
What do they need
to do?

They **need to**
go to bed.

10 그들은 무엇을 해야 하나요?

그들은 잠을 자야 합니다.

51

Ch2 UNIT 01 — Why We Need Light

Vocabulary Test

A 그림에 맞는 단어를 연결하고 한 번씩 써보세요.

- dark
- work
- reflect
- light
- reach

B 그림에 맞도록 빈칸에 알맞은 단어를 보기 에서 찾아 써보세요.

보기 come from   lamp   objects   without   hits

1. see <u>objects</u>
   물건들을 보다
2. from a <u>lamp</u>
   전등으로부터
3. Light <u>hits</u> a book.
   빛이 책에 부딪힌다.
4. <u>come from</u> a place
   한 장소로부터 오다
5. <u>without</u> it
   그것 없이

Chapter 2 Light 11

Pattern Test

We can see ~. 우리는 ~을[를] 볼 수 있습니다.

A 우리말 뜻에 맞게 빈칸에 알맞은 말을 넣으세요.

1. 우리는 우리의 눈으로 그것들을 볼 수 있습니다.
   We <u>can see</u> them with our eyes.
2. 우리는 그 물건을 볼 수 있습니다.
   We can see the object.
3. 우리는 오늘 보름달을 볼 수 있습니다. (the full moon, today) 보름달, 오늘
   We can see the full moon today.

B 그림을 보고 오른쪽 말풍선 빈칸에 알맞은 말을 넣어 대화해보세요.

1. What can we see here?
   우리는 이곳에서 무얼 볼 수 있나요?

    We <u>can see</u> many paintings here.
   우리는 이곳에서 많은 그림들을 볼 수 있습니다.

2. What can we see here?
   우리는 이곳에서 무얼 볼 수 있나요?
   We <u>can see</u> many animals here.
   우리는 이곳에서 많은 동물들을 볼 수 있습니다.

12 Chapter 2

Ch2 UNIT 02 — We Want Sleep!

Vocabulary Test

A 그림에 맞는 단어를 연결하고 한 번씩 써보세요.

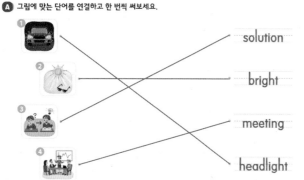

- solution
- bright
- meeting
- headlight

B 그림에 맞도록 빈칸에 알맞은 단어를 보기 에서 찾아 써보세요.

보기 neighbor   turn down   curtains   hang   noisy   think

1. <u>noisy</u> sounds
   시끄러운 소리들
2. <u>turn down</u> the light
   조명을 낮추다
3. <u>think</u> about it
   그것에 관해 생각하다
4. <u>curtains</u> on the windows
   창문의 커튼
5. He is my <u>neighbor</u>.
   그는 나의 이웃이다.
6. <u>hang</u> the painting
   그림을 걸다

Chapter 2 Light 13

Pattern Test

We found ~. 우리는 ~을[를] 발견[마련]했습니다.

A 우리말 뜻에 맞게 빈칸에 알맞은 말을 넣으세요.

1. 우리는 그 문제를 발견했습니다.
   We <u>found</u> the problem.
2. 우리는 몇 가지 해결책들을 마련했습니다.
   We found some solutions.
3. 우리는 멋진 해변을 발견했습니다. (a nice beach) 멋진 해변
   We found a nice beach.

B 그림을 보고 오른쪽 말풍선 빈칸에 알맞은 말을 넣어 대화해보세요.

1. What did you find?
   당신은 무엇을 발견했나요?

   We <u>found</u> some great clothes here.
   우리는 이곳에서 약간의 멋진 옷을 발견했습니다.

2. What did you do?
   당신은 무엇을 했나요?
    We <u>found</u> solutions for this robot's problems.
   우리는 이 로봇의 문제점에 대한 해결책을 마련했습니다.

14 Chapter 2 Light

52

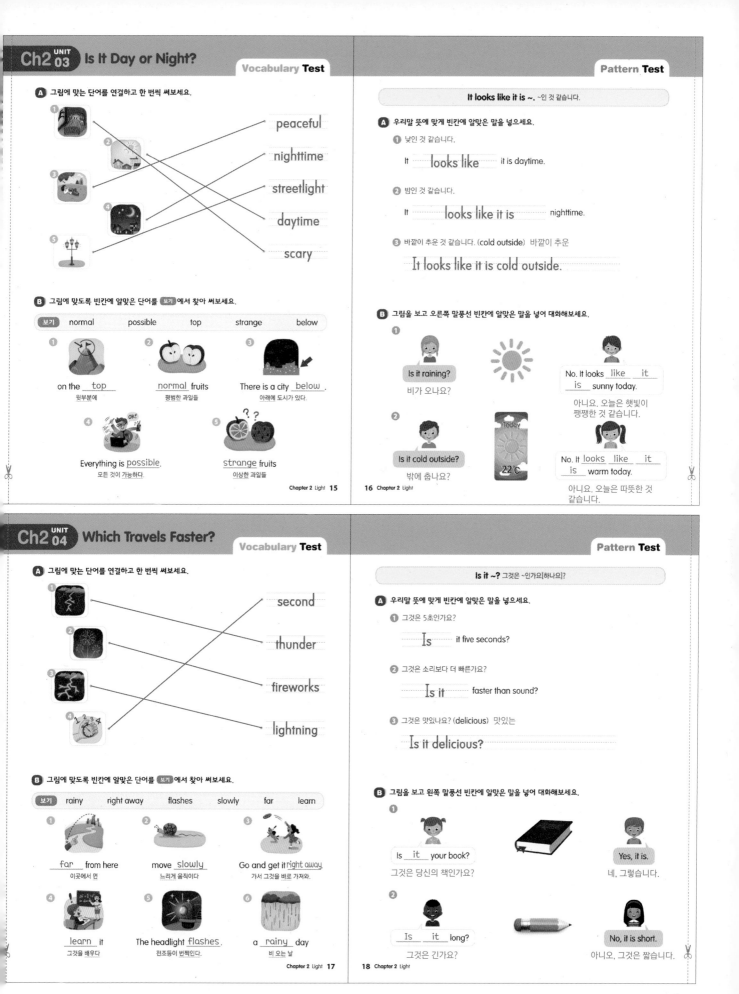

Ch2 UNIT 03 Is It Day or Night?

Vocabulary Test

A 그림에 맞는 단어를 연결하고 한 번씩 써보세요.

peaceful

nighttime

streetlight

daytime

scary

B 그림에 맞도록 빈칸에 알맞은 단어를 보기 에서 찾아 써보세요.

보기 normal possible top strange below

① on the __top__
윗부분에

② __normal__ fruits
평범한 과일들

③ There is a city __below__ .
아래에 도시가 있다.

④ Everything is __possible__.
모든 것이 가능하다.

⑤ __strange__ fruits
이상한 과일들

Chapter 2 Light **15**

Pattern Test

It looks like it is ~. ~인 것 같습니다.

A 우리말 뜻에 맞게 빈칸에 알맞은 말을 넣으세요.

① 낮인 것 같습니다.

It __looks like__ it is daytime.

② 밤인 것 같습니다.

It __looks like it is__ nighttime.

③ 바깥이 추운 것 같습니다. (cold outside) 바깥이 추운

It looks like it is cold outside.

B 그림을 보고 오른쪽 말풍선 빈칸에 알맞은 말을 넣어 대화해보세요.

①
Is it raining?
비가 오나요?

No. It looks __like__ it __is__ sunny today.
아니요. 오늘은 햇빛이 쨍쨍한 것 같습니다.

②
Is it cold outside?
밖에 춥나요?

Today
22℃

No. It looks __like__ it __is__ warm today.
아니요. 오늘은 따뜻한 것 같습니다.

16 Chapter 2 Light

Ch2 UNIT 04 Which Travels Faster?

Vocabulary Test

A 그림에 맞는 단어를 연결하고 한 번씩 써보세요.

second

thunder

fireworks

lightning

B 그림에 맞도록 빈칸에 알맞은 단어를 보기 에서 찾아 써보세요.

보기 rainy right away flashes slowly far learn

① __far__ from here
이곳에서 먼

② move __slowly__
느리게 움직이다

③ Go and get it __right away__.
가서 그것을 바로 가져와.

④ __learn__ it
그것을 배우다

⑤ The headlight __flashes__.
전조등이 번쩍인다.

⑥ a __rainy__ day
비 오는 날

Chapter 2 Light **17**

Pattern Test

Is it ~? 그것은 ~인가요[하나요]?

A 우리말 뜻에 맞게 빈칸에 알맞은 말을 넣으세요.

① 그것은 5초인가요?

__Is__ it five seconds?

② 그것은 소리보다 더 빠른가요?

__Is it__ faster than sound?

③ 그것은 맛있나요? (delicious) 맛있는

Is it delicious?

B 그림을 보고 왼쪽 말풍선 빈칸에 알맞은 말을 넣어 대화해보세요.

①
Is __it__ your book?
그것은 당신의 책인가요?

Yes, it is.
네, 그렇습니다.

②
Is __it__ long?
그것은 긴가요?

No, it is short.
아니오, 그것은 짧습니다.

18 Chapter 2 Light

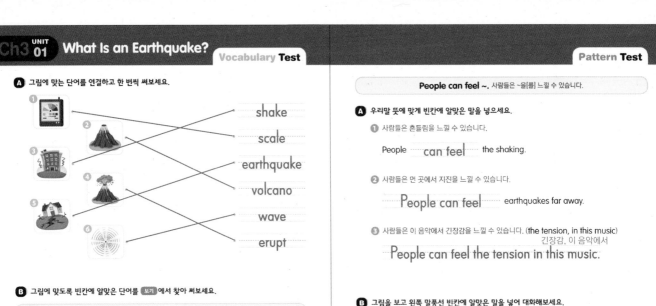

A 그림에 맞는 단어를 연결하고 한 번씩 써보세요.

shake
scale
earthquake
volcano
wave
erupt

B 그림에 맞도록 빈칸에 알맞은 단어를 보기 에서 찾아 써보세요.

보기 areas   still   happened   measure

① An earthquake <u>happened</u>.
지진이 일어났다.

② stay <u>still</u>
가만히 있다

③ in some <u>areas</u>
어떤 지역에서

④ <u>measure</u> earthquakes
지진을 측정하다

Chapter 3 Earthquakes **19**

People can feel ~. 사람들은 ~을[를] 느낄 수 있습니다.

A 우리말 뜻에 맞게 빈칸에 알맞은 말을 넣으세요.

① 사람들은 흔들림을 느낄 수 있습니다.

People <u>can feel</u> the shaking.

② 사람들은 먼 곳에서 지진을 느낄 수 있습니다.

<u>People can feel</u> earthquakes far away.

③ 사람들은 이 음악에서 긴장감을 느낄 수 있습니다. (the tension, in this music)
긴장감, 이 음악에서

<u>People can feel the tension in this music.</u>

B 그림을 보고 왼쪽 말풍선 빈칸에 알맞은 말을 넣어 대화해보세요.

①

<u>People can feel</u> sick on a bus.
사람들은 버스에서 멀미를 느낄 수 있습니다.

Yes. Sometimes it moves too much.
네. 때때로 그것(버스)은 너무 많이 움직여요.

<u>People can feel</u> love from their pets.

Yes. You're right.
네. 당신 말이 맞습니다.

20 사람들은 그들의 애완동물로부터 사랑을 느낄 수 있습니다.

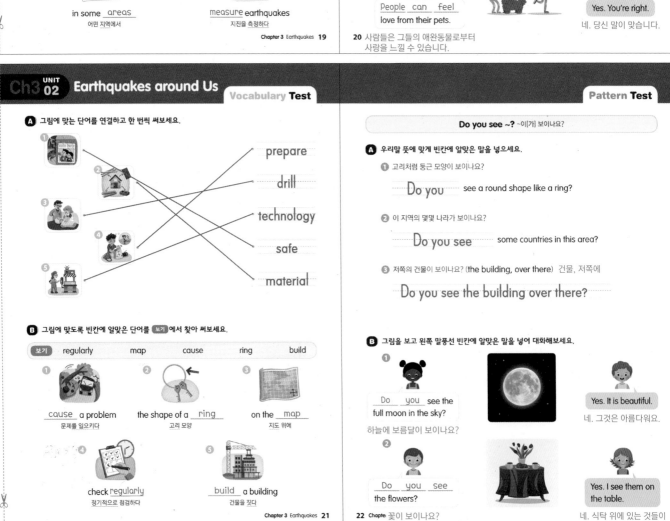

A 그림에 맞는 단어를 연결하고 한 번씩 써보세요.

prepare
drill
technology
safe
material

B 그림에 맞도록 빈칸에 알맞은 단어를 보기 에서 찾아 써보세요.

보기 regularly   map   cause   ring   build

① <u>cause</u> a problem
문제를 일으키다

② the shape of a <u>ring</u>
고리 모양

③ on the <u>map</u>
지도 위에

④ check <u>regularly</u>
정기적으로 점검하다

⑤ <u>build</u> a building
건물을 짓다

Chapter 3 Earthquakes **21**

Do you see ~? ~이(가) 보이나요?

A 우리말 뜻에 맞게 빈칸에 알맞은 말을 넣으세요.

① 고리처럼 둥근 모양이 보이나요?

<u>Do you</u> see a round shape like a ring?

② 이 지역의 몇몇 나라가 보이나요?

<u>Do you see</u> some countries in this area?

③ 저쪽의 건물이 보이나요? (the building, over there) 건물, 저쪽에

<u>Do you see the building over there?</u>

B 그림을 보고 왼쪽 말풍선 빈칸에 알맞은 말을 넣어 대화해보세요.

①

<u>Do you</u> see the full moon in the sky?
하늘에 보름달이 보이나요?

Yes. It is beautiful.
네. 그것은 아름다워요.

②

<u>Do you see</u> the flowers?

Yes. I see them on the table.
네. 식탁 위에 있는 것들이 보여요.

22 Chapte 꽃이 보이나요?

54

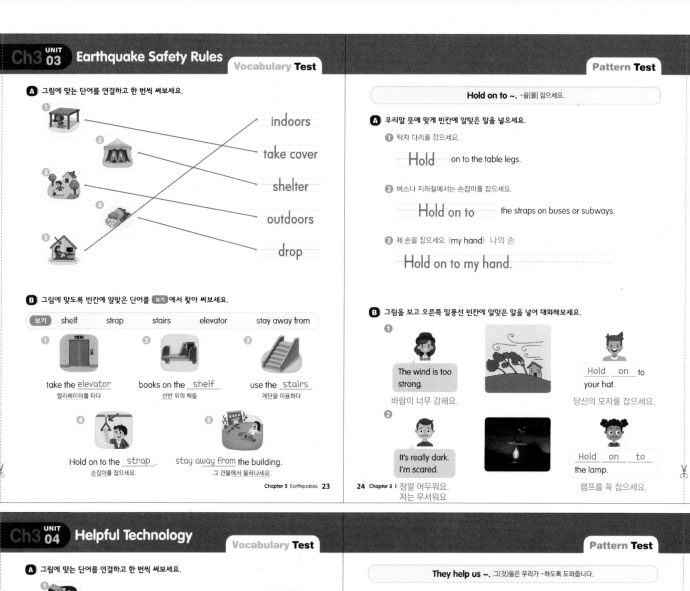

Ⓐ 그림에 맞는 단어를 연결하고 한 번씩 써보세요.

1. indoors
2. take cover
3. shelter
4. outdoors
5. drop

Ⓑ 그림에 맞도록 빈칸에 알맞은 단어를 보기 에서 찾아 써보세요.

보기 shelf   strap   stairs   elevator   stay away from

1. take the _elevator_
   엘리베이터를 타다
2. books on the _shelf_
   선반 위의 책들
3. use the _stairs_
   계단을 이용하다
4. Hold on to the _strap_.
   손잡이를 잡으세요.
5. _stay away from_ the building.
   그 건물에서 물러나세요.

Chapter 3 Earthquakes **23**

Hold on to ~. ~을[를] 잡으세요.

Ⓐ 우리말 뜻에 맞게 빈칸에 알맞은 말을 넣으세요.

1. 탁자 다리를 잡으세요.

   Hold on to the table legs.

2. 버스나 지하철에서는 손잡이를 잡으세요.

   Hold on to the straps on buses or subways.

3. 제 손을 잡으세요. (my hand) 나의 손

   Hold on to my hand.

Ⓑ 그림을 보고 오른쪽 말풍선 빈칸에 알맞은 말을 넣어 대화해보세요.

1. The wind is too strong.
   바람이 너무 강해요.

   Hold _on_ to your hat.
   당신의 모자를 잡으세요.

2. It's really dark. I'm scared.
   정말 어두워요. 저는 무서워요.

   Hold _on_ _to_ the lamp.
   램프를 꼭 잡으세요.

24 Chapter 3 E

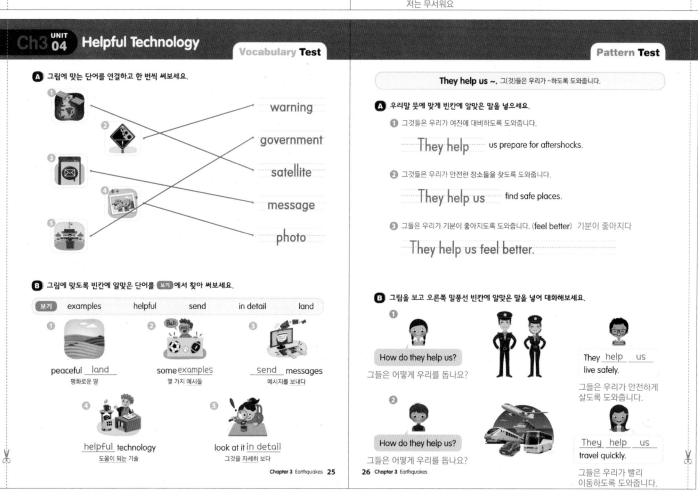

Ⓐ 그림에 맞는 단어를 연결하고 한 번씩 써보세요.

1. warning
2. government
3. satellite
4. message
5. photo

Ⓑ 그림에 맞도록 빈칸에 알맞은 단어를 보기 에서 찾아 써보세요.

보기 examples   helpful   send   in detail   land

1. peaceful _land_
   평화로운 땅
2. some _examples_
   몇 가지 예시들
3. _send_ messages
   메시지를 보내다
4. _helpful_ technology
   도움이 되는 기술
5. look at it _in detail_
   그것을 자세히 보다

Chapter 3 Earthquakes **25**

They help us ~. 그(것)들은 우리가 ~하도록 도와줍니다.

Ⓐ 우리말 뜻에 맞게 빈칸에 알맞은 말을 넣으세요.

1. 그것들은 우리가 여진에 대비하도록 도와줍니다.

   They help us prepare for aftershocks.

2. 그것들은 우리가 안전한 장소들을 찾도록 도와줍니다.

   They help us find safe places.

3. 그들은 우리가 기분이 좋아지도록 도와줍니다. (feel better) 기분이 좋아지다

   They help us feel better.

Ⓑ 그림을 보고 오른쪽 말풍선 빈칸에 알맞은 말을 넣어 대화해보세요.

1. How do they help us?
   그들은 어떻게 우리를 돕나요?

   They _help_ _us_ live safely.
   그들은 우리가 안전하게 살도록 도와줍니다.

2. How do they help us?
   그들은 어떻게 우리를 돕나요?

   They _help_ _us_ travel quickly.
   그들은 우리가 빨리 이동하도록 도와줍니다.

26 Chapter 3 Earthquakes

55